MW01679178

QUI VEUT ADOPTER UN CHATON ?

BIOGRAPHIE

Petite fille, Lucy Daniels aimait beaucoup lire, et rêvait d'être écrivain. Aujourd'hui, elle vit à Londres avec sa famille et ses deux chats, Peter et Benjamin. Originaire de la région du Yorkshire, elle a toujours aimé la nature et les animaux, et s'échappe à la campagne dès qu'elle le peut.

Ce livre est déjà paru dans la collection Folio Cadet, n°346, sous le titre
Qui veut adopter un chaton ?

ILLUSTRATIONS INTÉRIEURES : WILLIAM GELDART
ADAPTATION : FABIENNE HÉLOU

L'auteur remercie Jenny Oldfield et C. J. Hall, médecins vétérinaires,
qui ont revu les informations contenues dans ce livre.
Conception de la collection : Ben M. Baglio
Titre original :
Kittens in the Kitchen
© 1994, Working Partner Ltd
Publié pour la première fois par Hodder Children's Books, Londres
© 2001, Bayard Éditions Jeunesse, pour la traduction française et les illustrations
Loi n°49-956 du 16 juillet 1949 sur les publications destinées à la jeunesse
Dépôt légal : octobre 2001
ISBN : 2 747 004 47 3

Imprimé en Allemagne par Clausen & Bosse

S.O.S. ANIMAUX

QUI VEUT ADOPTER UN CHATON ?

LUCY DANIELS

TRADUIT DE L'ANGLAIS
PAR MICHELLE ESCLAPEZ

QUATRIÈME ÉDITION

BAYARD JEUNESSE

LES HÉROS DE CETTE HISTOIRE

Cathy Hope a douze ans, et une passion : les animaux. Son ambition est de devenir vétérinaire, comme ses parents. La souffrance des animaux lui est insupportable et elle ne manque jamais une occasion de leur porter secours.

Adam et **Emily Hope** sont les parents de Cathy. Ils dirigent une clinique vétérinaire, l'Arche des animaux, où Cathy passe tout son temps libre.

James Hunter est le meilleur ami de Cathy. Il partage avec elle l'amour des animaux et la suit dans toutes ses aventures.

Tom et **Dorothy Hope** sont les grands-parents de Cathy. Ils vivent au cottage des Lilas, et sont toujours prêts à venir en aide à leur petite-fille.

Adam Hope
Emily Hope
Tom Hope
Dorothy Hope
James Hunter
Cathy Hope

1

– Tu as l'air bien pressée d'aller à l'école, ce matin ! dit M. Hope à Cathy.

Il regardait sa fille fourrer un tas de vieux journaux dans son cartable. Ensuite, elle enfila rapidement sa veste d'écolière, passa un coup de brosse sur sa chevelure blond foncé, croqua dans une tartine et sortit dans la cour.

– Il est seulement huit heures moins dix. Pourquoi pars-tu si tôt ? lança Mme Hope depuis le seuil de la porte tandis que Cathy défaisait le cadenas de son vélo et mettait son casque.

– Je n'ai pas le temps maintenant ! Je vous raconterai plus tard !
Son lourd cartable en bandoulière sur son épaule, Cathy quitta l'Arche des animaux en pédalant de toutes ses forces et prit la direction de Welford. Ses parents devaient se demander pourquoi elle avait emporté ces journaux, mais elle ne satisferait leur curiosité que ce soir. Une mission importante l'attendait !

– Nous y voilà ! C'est le grand jour ! s'exclama Cathy en saluant James Hunter, qui l'attendait devant chez lui.
– Salut, marmonna-t-il. Ce n'était peut-être quand même pas la peine de se lever aux aurores !
– Allez, viens ! lança Cathy, ignorant sa mauvaise humeur. Ne perdons plus de temps !
Les deux amis enfourchèrent leurs bicyclettes pour parcourir les quelques centaines de mètres qui les séparaient de Welford. Tout en descendant la côte, Cathy ne cessait de parler :

– C’est pour aujourd’hui, j’en suis sûre ! Je suis tellement impatiente de voir ça ! Hier, elle n’arrêtait pas de fouiner partout. Elle cherchait un endroit chaud et sec. C’est un signe !

James se contenta de hocher la tête : il avait du mal à suivre le rythme imposé par Cathy et économisait son souffle.

– Je l’ai aperçue dans la remise du concierge après l’école, elle s’était réfugiée derrière le tas de bois. C’est une chatte très intelligente, tu sais !

Arrivés au dernier tournant, ils virent les bâtiments de Walton et leur école se profiler au milieu des champs. Cathy et James passèrent le portail et pénétrèrent dans la cour, déserte à cette heure. Ou presque… M. Williams, le concierge, sortait les poubelles, comme tous les jeudis.

Les enfants le saluèrent.

M. Williams, d’un caractère plutôt taciturne, ne répondit pas.

– Qu’est-ce qu’il est aimable ! s’exclama Cathy.

Ils laissèrent leurs vélos à l'abri et contournèrent la maison du concierge. En jetant un coup d'œil au-dessus de la haie de hêtres soigneusement taillée par M. Williams, ils aperçurent la porte de la cuisine, à l'arrière de la maison.

– Cathy, murmura James, est-ce que M. Williams est au courant ? Qu'est-ce qu'il dira s'il nous voit traîner autour de sa maison ?

– Mais que veux-tu qu'il dise ! Il ne va pas se fâcher parce qu'on s'occupe d'une chatte ! En plus, Mme Williams la nourrit quelquefois, et je crois que c'est pour ça que Jossy a choisi leur remise pour y faire ses petits.

– Jossy ? s'étonna James.

– Oui, je l'ai appelée ainsi, expliqua Cathy. D'après Mme Williams, quelqu'un l'a déposée une nuit, il y a six semaines, derrière les bâtiments. Elle était enfermée dans un sac de toile. Ce que les gens peuvent être cruels ! Elle serait morte si Mme Williams ne l'avait pas découverte le lendemain matin et si elle ne lui avait pas donné à manger. Elle était affamée ! Maintenant, c'est la chatte de l'école, et c'est à nous d'en prendre soin !

Cathy ouvrit la porte du jardin des Williams et se mit à appeler la chatte d'une voix câline, tout en regardant dans les buissons qui bordaient la maison. James la cherchait dans la remise, derrière le tas de bois. Ils ne la trouvèrent nulle part.

– Jossy ! appela Cathy un peu plus fort.

Une forme blanc et noir émergea de sous la haie et traversa la pelouse. James l'aperçut le premier :

– Ici, Cathy !

– Ouf ! À en juger par ce gros ventre, nous sommes arrivés à temps ! N'est-ce pas, Jossy ? Nous allons te préparer un coin bien confortable pour que tu y fasses tes petits.

Cathy entra dans la remise, la chatte sur ses talons. Elle fouilla dans son sac et en tira les journaux, qu'elle présenta à Jossy pour qu'elle les renifle.

Aidée de James, elle s'empressa ensuite

d'entasser quelques bûches, fabriquant ainsi une sorte de cachette, qu'ils garnirent avec le papier journal.

– Ça te plaît ? demanda Cathy.

Jossy se frotta contre ses jambes, puis leva la tête vers le nid de bûches et de journaux que les enfants avaient aménagé pour elle. Elle sembla apprécier le résultat, car elle entreprit de s'y installer.

– On dirait que ça lui convient, se réjouit James. Tu as eu une très bonne idée !

C'est alors que la sonnerie de l'école retentit.

– Dépêchons-nous, on va arriver en retard ! s'exclama-t-il en filant, sans attendre Cathy.

La fillette caressa une dernière fois la petite chatte, puis se releva :

– À toi de te débrouiller, maintenant ! Personne ne te dérangera ici. Je reviendrai plus tard pour voir si tout s'est bien passé.

Comme la seconde sonnerie retentissait, elle se mit à courir vers l'école. Dans sa précipitation, elle faillit heurter M. Williams, qui arrivait dans sa direction. À son habitude, il grommela en lui jetant un regard noir. « Il est encore de mauvaise humeur ! Ce n'est pas le moment de lui parler de Jossy », pensa Cathy. Elle remit cela à plus tard en se disant que, de toute façon, le concierge serait sûrement conquis par ces adorables chatons !

Elle se dépêcha d'entrer en classe. La journée lui parut longue. Malgré ses efforts, elle fut incapable de se concentrer sur ses cours. Toutes ses pensées allaient à Jossy…

2

À quatre heures et demie, James attendait Cathy à la sortie des classes.

– Tu es prête à rencontrer les nouveaux pensionnaires de l'école ? lui demanda-t-il avec un clin d'œil.

– Et comment ! Je n'ai pensé qu'à ça toute la journée !

Ils se frayèrent un passage parmi les élèves et se hâtèrent de monter jusqu'à la maison du concierge.

– Jossy ! appela Cathy en poussant la porte du jardin et en traversant la pelouse.

Elle se précipita vers la remise, imaginant Jossy lovée dans sa cachette, entourée de ses petits.

– Oh non !

– Que se passe-t-il ? s'inquiéta James.

– Jossy a disparu !

– Mais… où est-elle passée ?

– Je ne sais pas… Je ne comprends pas ! C'était pour aujourd'hui !

À l'Arche des animaux, elle avait vu suffisamment de chattes sur le point de mettre bas pour reconnaître les signes précurseurs.

Indécis et inquiets, Cathy et James s'attardaient devant la remise des Williams.

– Écoute ! s'exclama soudain la fillette.

Par la porte entrouverte de la maison, elle venait d'entendre un petit cri aigu.

– Qu'est-ce que c'est ? souffla James.

Cathy monta les marches et s'arrêta sur le seuil de la cuisine.

– Monsieur Williams ? appela-t-elle. Madame Williams ?

Personne ne répondit, mais les miaulements s'amplifièrent.

– C'est par là ! chuchota Cathy. Jossy ? Viens, ma belle !

Ils entrèrent dans la pièce sur la pointe des pieds et se mirent à chercher leur protégée. Ils ouvrirent les placards, regardèrent sous les étagères, derrière les meubles. Rien !

Cathy tendit l'oreille, et elle finit par découvrir d'où provenaient les petits cris.

– Ils sont dans le panier à linge !

Avec précaution, elle en souleva le couvercle. Elle aperçut alors la fourrure tachetée de Jossy et quatre boules grises minuscules pelotonnées contre elle.

– Regarde comme ils sont mignons !

James se pencha sur le panier.

– Ouais ! fit-il, peu convaincu.

– Ils sont minuscules, et si fragiles… Ils ont bien besoin de leur mère ! D'autant plus qu'ils sont sourds et aveugles.

– Oh, les pauvres ! Quelle horreur !

– Mais non, idiot ! C'est normal ! Tous les chatons sont comme ça quand ils naissent. Ce n'est qu'au bout d'une semaine qu'ils peuvent voir ce qui les entoure.

Soudain, une silhouette haute et massive apparut dans l'encadrement de la porte. Cathy reposa précipitamment le couvercle sur le panier.

– Qu'est-ce que vous fichez ici ?

– Hum… bonjour, monsieur Williams ! dit Cathy, embarrassée.

Quant à James, la surprise et la peur l'avaient rendu muet.

– Qu'est-ce que vous fabriquez dans ma maison ? s'énervait M. Williams. Amy, où es-tu ?

Sa femme arriva à petits pas pressés :

– Que se passe-t-il, Éric ? Arrête de crier comme ça !

– Je crie peut-être, mais, toi, tu es sourde ! Ces deux gamins sont entrés chez nous, et tu n'as rien entendu. On entre ici comme dans un moulin ! Si on venait nous dévaliser, tu ne t'en apercevrais même pas…

– Tu exagères, Éric ! Ce sont des enfants, laisse-leur le temps de s'expliquer. Je suis sûre qu'ils ne faisaient rien de mal, n'est-ce pas, vous deux ?

– Eh bien, voyons ! As-tu une explication à me donner ? s'exclama M. Williams en se tournant vers Cathy.

– J'en ai une, en effet, confirma Cathy, implorant du regard l'aide de James.

– La chatte a eu des petits ! laissa-t-il échapper.

– Dans votre panier à linge, compléta Cathy.

– Quoi ?

M. Williams se précipita vers le panier, dont il souleva brutalement le couvercle.

– Mais… c'est que c'est vrai ! Elle a bien eu ses petits ! Et sur mes plus belles chemises !

– Calme-toi, Éric ! soupira sa femme. Ce n'est qu'une chatte !

– Elle les a transportés ici pour qu'ils soient à l'abri, intervint Cathy. Mais ne vous inquiétez pas, les chats sont des animaux très propres. Elle ne fera aucune saleté, je vous assure. Si vous les laissez tranquilles, elle et ses petits, ils seront capables de marcher dans quelques jours. Vous pourrez alors leur installer une boîte en carton, dans la remise, par exemple. Ce sera parfait !

– Tu plaisantes, j'espère ! s'exclama M. Williams, furieux. Il est absolument hors de question que ces bestioles restent ici une minute de plus. Vous allez me mettre ça dehors au plus vite !

– Mais c'est pour quelques jours seulement ! insista Cathy en se tournant vers Mme Williams. Il ne faut surtout pas déplacer les petits pendant les premiers jours, car la mère les abandonnerait. S'il vous plaît, laissez-les où ils sont !

– Les laisser dans mon panier à linge ? s'écria M. Williams. Ah ça, non ! Je ne le répéterai pas : à mon retour, je ne veux plus voir une trace de ces chats.

Cathy essaya encore de le faire fléchir.

– S'il vous plaît ! supplia-t-elle.

– Pas question ! Et ce n'est pas la peine de me regarder comme ça, Amy ! ajouta-t-il en se tournant vers sa femme. Je vous le dis une fois pour toutes : je ne garderai pas ces chats dans ma cuisine !

3

Sur ces mots, M. Williams sortit en claquant la porte. Cathy lança un regard désespéré à Mme Williams.

– Bah ! Il faut lui laisser le temps de se calmer, dit-elle en haussant les épaules.

– Il ne parle pas sérieusement ! tentait de se rassurer Cathy.

James secoua la tête. Il essayait d'entraîner Cathy hors de la cuisine, mais Cathy résistait.

– Madame Williams ! implora-t-elle. Ce n'est quand même pas leur faute s'ils ne sont pas nés au bon endroit !

– Ce n'est pas la mienne non plus, ma petite ! Que voulez-vous que j'y fasse… Vous avez entendu mon mari comme moi !

– Mais si on les déplace, ils mourront ! Jossy les abandonnera !

– Jossy ? répéta Mme Williams, intriguée.

Elle avait croisé les bras et regardait Cathy de son bon regard franc.

– C'est la chatte. Je lui ai donné un nom. Je voulais qu'elle ait l'air d'appartenir à quelqu'un ! s'écria Cathy.

Et elle éclata en sanglots.

– Cathy ! murmura James. Ne pleure pas ! Tu es bien placée pour savoir que ce genre de chose arrive tous les jours.

– Non ! s'exclama soudain Mme Williams, attendrie. Cathy a raison, on doit essayer d'éviter ça.

– Vous nous aiderez ? murmura Cathy à travers ses larmes.

Les pas pesants du concierge se firent entendre dans l'escalier.

– Si vous permettez aux chatons de rester un peu, je viendrai tous les jours pour m'en occuper. Je vous l'jure. Vous n'aurez rien à faire. Je…

– Chut ! lâcha Mme Williams.

Son mari entrait. Quand il aperçut James et Cathy, son visage s'assombrit.

– Je croyais vous avoir dit de vider les lieux avec vos bestiaux. Vous êtes sourds ?

– Allons, Éric ! dit Mme Williams d'une voix posée.

– Il n'y a pas de « Allons, Éric » qui tienne !

– Voyons, calme-toi ! Je te rappelle que tu n'es pas le seul à vivre dans cette maison. J'ai aussi mon mot à dire ! Après tout, c'est moi qui passe le plus de temps dans cette cuisine, non ? Toi, tu es toujours dehors à bricoler ou à jardiner !

M. Williams arpentait la cuisine de long en large. Cathy retenait son souffle. James se tenait debout près de l'entrée, prêt à décamper à la moindre alerte.

– Maintenant, tout est arrangé, poursuivit Mme Williams. Cette jeune fille m'a promis de venir ici tous les jours pour s'occuper des chats. Tu ne les auras pas dans les jambes.

Ils resteront là, tranquilles, tandis que Jossy les nourrira.

– Jossy ? répéta M. Williams en regardant sa femme, perplexe.

– C'est la chatte, expliqua-t-elle, l'air plus assuré que jamais.

– Fichu nom pour un chat ! grommela-t-il. Mais on sentait qu'il déclarait forfait.

– Bon, eh bien, c'est entendu ! conclut Mme Williams avant que son mari ne change d'avis.

– Oh, merci ! s'écria Cathy en se levant d'un bond. Je vais tout de suite chercher de la nourriture. Je serai de retour aussi vite que possible. Jossy va vraiment avoir besoin qu'on s'occupe d'elle ! C'est une jeune chatte, et il faudra sûrement l'aider à nourrir ses petits. J'apporterai des vitamines, du lait et des compte-gouttes au cas où. Elle ne doit pas avoir assez de lait : quatre chatons, c'est beaucoup pour elle ! Nous allons préparer…

– Holà ! l'interrompit M. Williams en reculant de quelques pas. Pas si vite, jeune fille ! Avant que vous couriez chercher de la nourriture, des vitamines ou quoi que ce soit d'autre, sachez que je ne laisserai pas ces créatures puantes camper sur mes chemises un jour de plus que nécessaire, c'est compris ?

James approuva de la tête et Cathy se rapprocha de lui. Le visage de M. Williams avait repris son expression furibonde.

– Je vous donne une semaine, pas davantage ! dit-il brutalement. Passé ce délai, c'est moi qui m'occuperai de ces bestioles !

Cathy sentit son cœur sauter dans sa poitrine. Elle devint toute pâle.

– Que voulez-vous dire ?

– Vous avez une semaine pour trouver des maîtres à ces chatons, sinon…, répondit M. Williams, l'air furieux.

Il leur tourna le dos et sortit de la cuisine en claquant la porte.

4

Sur le chemin du retour, James et Cathy pédalaient sans rien dire. Dans leur esprit résonnait encore la terrible menace de M. Williams. Cathy préférait ne pas penser à ce que pouvait signifier ce « sinon »…

Au croisement, devant le pub, ils se séparèrent. Après un signe d'adieu à James, Cathy entama la côte qui menait à l'Arche des animaux. À peine arrivée, elle abandonna sa bicyclette dans la cour et se précipita vers le cabinet de consultation.

– Maman ! cria-t-elle.

Elle passa en courant devant Jane Knox, la secrétaire, occupée à signer le bon de sortie de Snap, un petit terrier. Jane leva la tête et dit en souriant :
– Elle est au bloc.
Mais la porte s'était déjà refermée.
– Maman ! répéta Cathy, en chuchotant, cette fois, pour ne pas effrayer les animaux dans leurs cages.
– Je suis là ! répondit sa mère.
Elle maintenait un chat persan gris bleu sur la table de soins et lui frottait délicatement l'oreille gauche. Ensuite, elle lui donna une petite tape amicale, le reposa dans son panier et se tourna vers Cathy :
– Alors, raconte-moi !
– La chatte de l'école a eu quatre petits.
– Ah, voilà qui explique les journaux de ce matin ! Êtes-vous intervenus à temps ?
– Oui, mais elle n'a pas aimé l'endroit que nous avions choisi pour elle, dans la remise de M. Williams, le concierge.
– Cela arrive souvent, la rassura Madame Hope. Et alors ?

– Eh bien, elle a mis bas dans le panier à linge, dans la cuisine du concierge.

– Et... ?

– Et M. Williams déteste les chats !

Le père de Cathy entra à cet instant. Comme sa mère ne disait rien, Cathy insista d'une voix larmoyante :

– Il nous a donné une semaine ! Si d'ici là nous n'avons pas trouvé des foyers pour ces chatons, il menace de s'en débarrasser !

– Hum ! fit Mme Hope en regardant son mari.

– Ce n'est pas juste ! explosa Cathy. Il n'a pas le droit de faire du mal à ces petits sous le simple prétexte qu'ils sont nés chez lui !

– Du calme, Cathy, intervint M. Hope.

– Oh, papa, je t'en prie, est-ce que je pourrai amener les chatons ici ?

– Voyons, Cathy, sois raisonnable. Tu connais nos règles à ce sujet.

– Mais, cette fois, c'est complètement différent ! M. Williams va les tuer si on ne leur trouve pas de foyer !

– Nous ne recueillons pas les animaux

abandonnés, tu le sais. Rappelle-toi que nous sommes des vétérinaires et que notre clinique n'est pas un refuge : nous manquons de place et de personnel pour nous occuper correctement de tous nos pensionnaires.

Cathy tourna un visage suppliant vers sa mère.

– Ton père a raison, confirma Mme Hope d'une voix douce et ferme. Après tout, le concierge vous a bien fait une faveur en vous accordant une semaine de délai ?

– Mais ce n'est rien, une semaine ! Tu sais mieux que moi qu'il faut six semaines aux petits pour être sevrés et ne plus avoir besoin de leur mère !

– Réfléchis, Cathy, si nous acceptions ces chats, pourquoi refuserions-nous ensuite d'accueillir d'autres animaux abandonnés ? Nous serions envahis en un rien de temps. Il faut que tu le comprennes…

Cathy acquiesça tristement. Parfois, elle avait du mal à partager l'avis de ses parents.

– Sois courageuse ! reprit M. Hope d'une voix enjouée. Voilà un défi à relever !

– Qu'est-ce que tu veux dire ?

– Tu as toute une semaine. Vois les choses du bon côté ! Une semaine entière pour trouver des foyers pour quatre adorables petites boules de poils. C'est possible, non ?

– Tu as raison, c'est possible ! s'écria-t-elle avec entrain. Avec l'aide de James, je suis sûre d'y arriver ! Et, en attendant de caser les petits, il ne faut pas que je néglige la mère : est-ce que je peux prendre du lait et des vitamines pour Jossy ?

– Ah, je te reconnais bien là, ma grande ! dit M. Hope. Prends tout ce dont tu as besoin.

Cathy fourra une boîte de vitamines et du lait en poudre dans son sac.

– Je vais trouver une solution, vous verrez !

Puis elle traversa en trombe la réception, fit un sourire à Jane en passant et caressa deux labradors qui attendaient là. Une fois dans la cour, elle sauta sur sa bicyclette et partit comme une flèche avant que ses parents n'aient eu le temps de dire « ouf ».

Par chance, ce fut Amy Williams qui lui ouvrit la porte de la cuisine : Cathy n'aurait pas aimé se retrouver de nouveau face à sa brute de mari.

Mme Williams la laissa entrer et la regarda soulever avec précaution le couvercle du panier à linge.

– Bonjour, Jossy, murmura Cathy d'une voix câline.

En entendant la voix de la petite fille, la chatte se mit à ronronner.

– Viens, viens manger quelque chose !

Cathy saisit la chatte et la serra contre elle en caressant son poil doux et tiède. Les quatre chatons se mirent aussitôt à miauler à fendre l'âme.

– Désolée, mais votre maman aussi a besoin qu'on s'occupe d'elle ! dit Cathy en rabattant le couvercle.

Elle posa Jossy devant une écuelle de lait vitaminé.

– Voilà ton déjeuner !

La chatte commença à laper délicatement.

– Regardez les chatons ! chuchota Cathy.

Jossy leva légèrement la tête tandis que Cathy ouvrait le panier, puis elle se remit à boire son lait. Cathy et Amy plongèrent leurs regards dans le nid sombre. Les chatons, blottis les uns contre les autres, dormaient tranquillement sur la belle chemise bleue de M. Williams.

– Mon Dieu ! lâcha Mme Williams, qu'ils sont minuscules ! On dirait de petites boules de fourrure grise.

– Pourtant, ils sont tous différents. Je vais vous les présenter ! déclara Cathy en attrapant les deux premiers d'entre eux. Celui-ci, c'est Smoky, et celui-là, c'est Patch.

Observant les derniers chatons, elle sourit.

– Voici Amy, et voilà Éric ! ajouta-t-elle avec un air malicieux.

– Oh ! s'exclama Mme Williams en faisant semblant de se fâcher. Il vaut mieux que mon mari n'apprenne pas qu'on a donné son prénom à un chat !

Jossy, son déjeuner fini, revint d'un bond dans le panier, prête à donner la tétée à ses petits.

– Je crois que nous devons la laisser tranquille pour l'instant.

Cathy replaça le couvercle en prenant soin de vérifier si la chatte pouvait le soulever elle-même.

– Demain matin, nous commencerons à nourrir les chatons avec un peu de lait au compte-gouttes.

– Très bien. À quelle heure penses-tu revenir ?

– Vers huit heures, avant la classe.

La femme du concierge l'accompagna à la porte :

– Essaie de ne pas oublier.

– Aucun risque ! s'écria Cathy.

Elle avait déjà enfourché sa bicyclette et pédalait sur le chemin du retour.

5

Lorsque Cathy entra dans le salon, elle trouva son père en train de feuilleter une revue.

– Alors, ma chérie, tu as fini tes devoirs ? lui demanda-t-il.

– Oui, c'est fait, dit Cathy, l'air soucieux.

M. Hope la regarda attentivement. Il savait que sa fille se tourmentait pour les chatons. Il fallait qu'elle se change les idées.

– Tu veux bien aller rendre cette revue à ta grand-mère ? suggéra-t-il.

Cathy acquiesça d'un signe de tête. En

sortant, elle croisa sa mère, qui revenait de son cours de yoga.
– Où vas-tu ? demanda-t-elle.
– Je vais nettoyer la cage des lapins avant de passer chez Mamy et Papy, lui répondit Cathy en montrant la revue.
– Dis-leur bonjour de ma part !
Cathy fit sortir Flopsaut, Trotsaut et Queue-de-Coton et les laissa vagabonder dans le jardin, tandis qu'elle nettoyait leur cage et la garnissait de paille fraîche. Puis elle s'assura que leur eau était propre. Après les avoir installés pour la nuit, elle prit le chemin qui menait à la maison de ses grands-parents.
Dans la fraîcheur du soir, une délicieuse odeur de lilas blanc s'élevait du jardin de son grand-père. Même à cette heure tardive, celui-ci bricolait dans sa serre.
– Salut, Papy !
Le visage de son grand-père s'éclaira. Il referma la porte de la serre et s'avança vers Cathy. Elle l'attendait près de la caravane qui trônait, flambant neuve, dans l'allée.

– Bonsoir, ma grande ! Entre donc, Dorothy est dans la cuisine.
Cathy aimait rendre visite à ses grands-parents. Quand elle se sentait abattue, comme aujourd'hui, ils trouvaient toujours un moyen de lui redonner courage.
– Ma chérie ! s'exclama sa grand-mère. Tu arrives pile pour le thé !
Tandis que Cathy et son grand-père s'installaient, Dorothy s'activait autour de la table en bavardant. Lorsque chacun fut servi, elle s'assit face à sa petite-fille et la regarda gentiment :
– Je te connais, je vois bien que quelque chose te tracasse. Que se passe-t-il, ma chérie ?
Cathy se mit à leur raconter ce qu'elle avait sur le cœur : Jossy, ses petits, cet horrible M. Williams ; et elle qui devait trouver des foyers aux chatons en une semaine.
Ses grands-parents écoutaient son récit avec beaucoup d'intérêt. Quand elle eut terminé, Cathy prit une profonde inspiration et se tourna vers sa grand-mère :

– Mamy, j'ai bien réfléchi.

– Ah oui ? fit sa grand-mère en lui jetant un regard de côté.

– Je pense qu'un chat, c'est exactement ce qu'il vous faudrait ici. Vous êtes un peu éloignés du village et vous n'avez pas beaucoup de voisins… Un chat serait vraiment une bonne compagnie pour…

– Pour des petits vieux comme nous ? compléta son grand-père en riant.

– Euh… En tout cas, ce sont des animaux très propres et vous n'auriez presque pas à vous en occuper. Ils sont très indépendants et…

– Stop ! N'en dis pas plus ! l'interrompit son grand-père en faisant un signe discret à sa femme.

– Voyons, ma chérie, intervint Mamy d'une voix douce, c'est une excellente idée, et je suis ravie que tu aies pensé à nous. Mais nous venons d'acheter une caravane…

– Tu sais bien que nous avons décidé de profiter de notre retraite pour voyager ! continua Papy. Elle est là, qui nous attend dans l'allée, prête à nous emporter sur les chemins des Alpes italiennes, de la Provence, du Portugal !

– Et, pour commencer, à Scarborough, après-demain ! ajouta sa femme.

– Et alors ? demanda Cathy.

– Et alors, nous serons souvent sur la route ; trop souvent pour prendre en charge l'un de tes chatons, conclut Mamy.

Cathy dut se rendre à l'évidence. Jamais Smoky, qu'elle avait rêvé de leur confier, ne se prélasserait au soleil dans la cour de son grand-père... Elle essaya de cacher sa déception.

– Pourtant..., reprit sa grand-mère, nous pouvons te venir en aide !

– Comment ?

– Nous allons chercher nous aussi des foyers. Voyons, combien de chatons as-tu à placer ? Quatre ? Il y a Helen Davy, qui habite l'ancienne maison de l'instituteur ; mais celle-ci est située sur la grand-route, et Helen a déjà perdu deux chats, écrasés par des voitures, pauvres petits ! Mira Hugill ?

Non, pour l'instant, elle doit s'occuper de sa sœur qui est malade, à York. Quant à Dora Janeki, elle est un peu timbrée, et son mari, on le sait, n'aime pas les animaux !

À chaque nom, Cathy sentait son espoir renaître, puis s'éteindre dès que sa grand-mère l'éliminait. La fillette commençait à désespérer.

– Attends ! s'écria soudain son grand-père. Je viens d'avoir une idée formidable !

Cathy se tourna vers lui.

– Le bureau de poste ! dit-il en levant l'index, enthousiaste.

– Quoi, le bureau de poste ? demanda Cathy, perplexe.

– Le panneau du bureau de poste ! C'est ça qu'il nous faut !

Son grand-père prit un morceau de papier, son vieux stylo à encre et se mit à écrire :

Recherchons des personnes affectueuses,
aimant les chats.
S'il vous plaît, appelez Welford 703 267.

– Voilà ! Il ne te reste plus qu'à épingler cela sur le panneau, demain à la première heure !
– Bravo, Papy ! s'écria Cathy. Tu es génial ! Nous allons recevoir plein d'appels ! Il y a sûrement des tas de gens à Welford qui adorent les animaux, et c'est le meilleur moyen de les repérer. En plus, tout le monde passe à la poste au moins une fois par semaine !
Cathy quitta ses grands-parents rassérénée. Demain, c'était vendredi. Elle irait au bureau de poste dès l'ouverture. Puis elle passerait le week-end à répondre aux appels. Elle courut tout le long du chemin, l'esprit bouillonnant de nouveaux projets.

6

Cathy avait donné rendez-vous à James le lendemain matin, sur le chemin de l'école. Auparavant, elle était passée à la poste et avait épinglé son annonce. Quand James arriva, elle l'accueillit en riant :

– Vous avez sept minutes de retard, James Hunter !

– Désolé ! J'ai dû sortir Blackie et nourrir Benji. Papa n'est pas là.

– Je te pardonne ! Allons-y !

Ils pédalèrent aussi vite que leurs jambes le leur permettaient pour rattraper le temps perdu. À huit heures cinq, ils frappaient à la porte des Williams.

Amy leur ouvrit, l'air un peu inquiète :

– J'ai cru que vous ne viendriez pas ! Entrez, entrez !

– Il y a quelque chose qui ne va pas ? demanda Cathy en posant sur la table le carton de lait et la boîte de nourriture pour chats qu'elle avait apportés.

– Je ne crois pas, mais c'est trop calme à mon goût, là-dedans. Même Éric s'en est aperçu !

Cathy souleva le couvercle du panier.

– Bonjour, Jossy !

La chatte ne bougea pas. Allongée sur le côté, elle poussa un faible miaulement. Elle leva la tête, mais ne fit aucune tentative pour sortir.

– La pauvre ! Elle est épuisée ! dit Cathy. Ouvre cette boîte, James. Moi, je vais la sortir.

Elle plongea ses mains dans le panier et prit la chatte dans ses bras.

– Elle sera d'aplomb dans un instant !

affirma-t-elle. Elle a simplement besoin de manger pour reprendre des forces !

Elle avait assez observé ses parents à l'Arche des animaux pour savoir qu'il n'y avait rien de grave. Elle posa la chatte par terre, près de l'assiette de nourriture. Jossy chancela, reprit l'équilibre, puis se jeta avidement sur les croquettes.

– Et les chatons ? demanda James.

Cathy jeta un coup d'œil au fond du panier.

– Ça a l'air d'aller pour eux ! Mais, cette fois-ci, nous devrons les nourrir nous-mêmes, car Jossy est trop faible.

Cathy dilua le lait en poudre avant de le faire chauffer. Puis elle sortit une des petites boules de poils, s'assit et la mit sur ses genoux.

– Viens, Patch ! dit-elle doucement.

Elle remplit le compte-gouttes de lait tiède. Ouvrant la bouche du chaton avec les deux doigts d'une main, elle y glissa de l'autre le tube de verre et appuya sur le petit embout en caoutchouc. Le chaton lécha puis avala le liquide.

– Tu vois ? dit-elle à James. Maintenant, c'est à toi.

Il approuva de la tête et prit Smoky. Il était un peu maladroit, mais il s'appliqua à reproduire exactement les gestes de Cathy. Smoky hésita une seconde, puis avala à son tour le lait. James regarda Cathy, triomphant.

– Bravo ! applaudit-elle.

Quelques minutes plus tard, ils finissaient de nourrir les deux derniers chatons quand les pas de M. Williams résonnèrent sur le perron.

James et Cathy caressaient les chatons pour les encourager à avaler. M. Williams sursauta en entendant un léger miaulement en provenance du panier.

– Il y a un problème ? grogna-t-il.

– La chatte est trop faible pour nourrir ses petits, alors, ils l'aident, expliqua Mme Williams.

– Pfou… N'importe quoi ! Mettez-les en couveuse, tant que vous y êtes !

Cathy et James ignorèrent cette remarque désagréable. Leur tâche terminée, ils nettoyèrent les lieux avec le plus grand soin pendant que Jossy faisait sa toilette au soleil matinal, assise sur les marches.

– Brave fille ! la flatta Cathy en la caressant doucement.

Elle fut soulagée de voir la chatte se lever pour rejoindre sa portée. James et elle l'observèrent traverser la cuisine, puis s'approcher du panier et, d'une patte habile, soulever le couvercle avant de disparaître.

– Quelle adresse ! s'exclama James, plein d'admiration.

Il regarda sa montre :

– Neuf heures moins le quart ! Il est temps d'y aller.

Après avoir dit au revoir à Mme Williams, ils se hâtèrent de traverser la cour de l'école.

– Tu crois que ça va aller ? demanda James en s'arrêtant devant l'entrée.

– Oh, Jossy ne m'inquiète pas. Elle doit se reposer, c'est tout ! le rassura Cathy. Mais je ne sais pas trop comment les chatons vont réagir si elle n'a plus de lait.

Cathy ne voulait pas effrayer James ; elle ne

lui précisa donc pas que, dans ce cas, les petits risquaient de mourir de faim.

– Il faut attendre ! soupira-t-elle. Peut-être que Jossy continuera à les nourrir.

– Et si elle n'y arrive pas ? demanda James, soucieux.

– Eh bien, nous devrons le faire nous-mêmes !

7

Après l'école, Cathy et James nourrirent Jossy et sa petite troupe, puis allèrent ensemble à l'Arche des animaux.

– Nous allons préparer d'autres annonces ! dit Cathy.

Elle conduisit James à l'étage et se mit à fouiller dans son bureau à la recherche de bristol rose, de crayons, de ciseaux...

Les deux amis s'agenouillèrent sur le sol et entreprirent de découper de petits rectangles de carton. Puis ils choisirent de gros feutres pour écrire et illustrer leurs annonces.

– Où allons-nous les mettre ? demanda James.
– Là où tout le monde passe ! Il faut être sûr que tous les habitants de Welford seront au courant. Mais, d'abord, réfléchissons au texte. Nous devons convaincre les personnes qui nous liront !
Elle se mit à écrire en grosses lettres :

Quatre mignons chatons
font de bons compagnons !
Adoptez un chaton à choyer
et à chouchouter
en appelant Welford 703 267.

Puis elle dessina quatre petits chats gris : c'était un peu plus gai que l'annonce de son grand-père ! Elle recula ensuite pour juger de l'effet et se déclara satisfaite. James, de son côté, rédigeait la sienne plus sérieusement :

Recherchons foyers pour quatre chatons.
Pensez-y !
Les animaux, c'est pour la vie !
Si intéressé, appelez Welford 703 267.

– On pourrait accrocher celle-ci sur le panneau d'affichage de l'Arche des animaux.
– Bonne idée ! Allons voir Jane avant qu'elle ne parte.
Ils descendirent à la réception. Jane avait fini de ranger son bureau et cherchait les clés de sa voiture.
– Bonsoir, Jane ! Tu veux bien qu'on mette un message sur le panneau ? lui demanda James.
– Bien sûr ! Essayez de lui trouver une place à côté des autres.
« Des autres ? » James et Cathy se regardèrent, étonnés, puis se tournèrent vers le tableau d'affichage. Il y avait au moins six annonces : toutes recherchaient des personnes prêtes à adopter des animaux. Leurs mines s'allongèrent.
– Seulement trois d'entre elles sont pour des chatons, dit James en tentant de se rassurer. Les autres parlent de chiots et d'un poney.
Cathy calcula rapidement :

– Oui, mais cela fait quand même quatorze chatons à placer ! Tu te rends compte ? Dans un petit village comme Welford !

– Allons ! On ferme ! les interrompit Jane.

– J'ai une autre idée ! s'écria Cathy en brandissant un deuxième bristol. L'Association des femmes !

– L'Association des femmes ? s'étonna James.

– Mais oui ! C'est un club pour les dames du troisième âge. Ma grand-mère en est la présidente. Elles organisent des parties de cartes, des soirées dansantes... et elles ont un panneau d'affichage à la salle des fêtes ! D'ailleurs, je crois qu'elles y sont aujourd'hui pour leur tournoi de badminton.

Quelques minutes plus tard, ils fonçaient vers le village. Comme ils pénétraient dans la salle des fêtes, ils faillirent se heurter à Mlle Davy. Elle avait sa raquette à la main, et ses cheveux argentés étaient parfaitement coiffés. Elle se retourna et annonça d'une voix perçante : « Dorothy, c'est ta petite-fille ! » Elle leur sourit, mais ne s'arrêta pas.

Mamy apparut alors, le visage rouge, essoufflée, dans un survêtement bleu turquoise.
– Cathy ! s'écria-t-elle en lui donnant un baiser rapide sur la joue. Quelle bonne surprise ! Mais je n'ai pas le temps ! Nous en sommes à treize-onze, c'est le dernier jeu !
– On ne va pas te déranger, Mamy, on voulait juste accrocher ça sur le tableau d'affichage, répondit Cathy en brandissant son carton.
Mme Hope y jeta un rapide coup d'œil.
– Oh, les chatons ! Oui, oui, bonne idée ! Allez, j'y retourne, ma chérie !
Et elle repartit en courant vers le terrain.
Cathy fit glisser la vitre du panneau d'affichage et chercha une place au milieu des listes d'arrangements floraux pour l'église, et du planning des tournois de bridge.
Elle finit par fixer son annonce en plein milieu.
– Comme ça, on ne peut pas la rater ! dit James en riant.
– Oui ! Et nous avons intérêt à bien nous reposer ce soir, car je suis sûre que, demain,

nous n'aurons pas une minute de repos avec tous les coups de téléphone que nous recevrons ! ajouta Cathy, enthousiaste.

Ils se quittèrent pleins d'entrain et d'optimisme, échafaudant mille projets pour les chatons.

8

Après dîner, Adam Hope, sourire aux lèvres, proposa à Cathy de rendre visite à un nouveau pensionnaire. Elle le suivit dans le chenil, où son père lui tendit un panier.

– Qu'est-ce que c'est ?

Elle reconnut le nid de journaux habituel et vit un morceau de chiffon gris, mais elle n'aperçut aucun animal.

– Un écureuil ! Un bébé de cinq semaines.

Un petit museau noir émergea alors des journaux, puis deux grands yeux noirs, et enfin tout l'animal, de la taille d'un hamster, avec une très longue queue. M. Hope défit le loquet de la cage et saisit le petit écureuil, qu'il déposa précautionneusement dans les mains de Cathy.

– Oh ! soupira-t-elle, ravie.

Elle sentait sous ses doigts les petites pattes aux ongles acérés. Elle caressa le doux pelage gris tandis que le bébé lui mordillait l'index.

– Où est sa mère ? demanda-t-elle.

– Elle a malheureusement été écrasée par une voiture.

Le visage de Cathy se rembrunit.

– Ce petit serait mort si quelqu'un ne l'avait trouvé, reprit M. Hope. Et tu ne devineras jamais qui est ce « quelqu'un » !

– Qui ?

– Ernie Bell, celui qui habite l'une des maisons derrière le pub.

Cathy ne cacha pas sa surprise. Elle considérait Ernie Bell comme un vieux grincheux, aussi peu bavard qu'aimable.

– Il est venu jusqu'ici pour nous le porter, continua M. Hope. Il a dit à Jane : « Regarde juste pour voir si tout va bien pendant que je lui prépare un enclos à l'arrière de ma cour ! Je reviens le chercher demain. Regarde juste pour voir ! » Et il a laissé la petite bête à la garde de Jane pour courir lui confectionner une cage. Qui l'aurait cru ? Ernie n'a pas la réputation d'être gentil, ni d'aimer particulièrement les animaux…

M. Hope reposa le bébé dans sa cage.

– Pourquoi ce chiffon, papa ? demanda Cathy en observant tous ses gestes.

– C'est son doudou. Les animaux ont besoin d'un substitut de la mère, tu comprends. Quelque chose qui la remplace.

– Et avec quoi le nourris-tu ?

– Avec ça, répondit son père en désignant une des boîtes rangées sur l'étagère. Je le lui donne avec le biberon qu'on utilise pour les chatons orphelins. Mais pourquoi me poses-tu toutes ces questions ?

– J'ai peur que Jossy n'ait pas assez de lait pour nourrir ses petits, alors j'essaie de prévoir une solution de rechange…, expliqua Cathy.

Elle attrapa la boîte de poudre afin de lire la liste des ingrédients et les instructions sur l'étiquette.

– Pourrai-je en acheter avec mon argent de poche ? demanda-t-elle.

M. Hope prit quatre boîtes sur l'étagère.

– Tiens, prends-les. Et garde tes sous ! Pour un chaton, cette mixture est encore meilleure que le lait de vache. Mélange-la avec de l'eau bouillie et prends ces petits biberons stérilisés.

– Combien de fois par jour dois-je les nourrir ?

– La première semaine, toutes les deux heures.

– Quoi ? Mais c'est impossible ! Je ne peux pas aller chez les Williams jour et nuit toutes les deux heures !

– En fait, cela dépend de la mère. Si elle continue à les nourrir un peu, pendant la nuit par exemple, tu ne seras pas obligée d'y aller aussi souvent.

– Je crois qu'elle en est capable. C'est une jeune chatte, et elle est juste fatiguée.

– Alors, quatre fois par jour suffiront. Au petit déjeuner, au déjeuner, au goûter et au dîner, conclua M. Hope.

Il jeta un coup d'œil à sa fille :

– Tu vas être bien occupée… As-tu déjà reçu des réponses à tes annonces ?

– Pas encore.

Elle se baissa pour contempler une dernière fois le bébé écureuil.

– M. Bell ne pourrait pas le relâcher dans la nature ? demanda-t-elle.

Mais son père secoua la tête.

– Non, le bébé écureuil ne survivrait pas tout seul. Pauvre petit ! Il va devoir se résigner à passer le restant de ses jours dans la cour du vieil Ernie. Mais il y a pire ! ajouta M. Hope.

– J'imagine que tu as raison, soupira Cathy. Bon, je file ! Il faut que j'aille m'occuper de Jossy.

En arrivant chez les Williams, elle expliqua à Amy comment elle allait s'y prendre pour nourrir les chatons. À sa grande surprise, la femme du concierge lui proposa son aide.

Tandis qu'elles donnaient le biberon aux deux premiers chatons, Mme Williams se tourna vers Cathy :

– Il ne faut pas en vouloir à Éric, tu sais. Il doit vous paraître désagréable, mais il n'est pas aussi méchant qu'il en a l'air.

Cathy aurait bien voulu la croire, mais elle ne pouvait pas s'empêcher de penser à ses grosses mains rugueuses, à son humeur orageuse et à la menace qu'il faisait planer sur les petits.

– Il souffre beaucoup depuis quelque temps, reprit Amy. Il a des rhumatismes dans les genoux. Pour te dire la vérité, continua-t-elle en baissant la voix, nous n'en parlons pas, car il se soucie pour son travail ! Il a peur d'être renvoyé si le directeur de l'école l'apprend…

Cathy hocha la tête. M. Williams lui apparaissait tout à coup plus humain. Elle comprenait mieux son mauvais caractère. Pourtant, le temps passait inexorablement : il ne leur restait plus que cinq jours !

9

– Allô, Welford 703 267 ?

Cathy faillit pousser un cri de joie dans le combiné. Elle parvint à maîtriser son émotion pour répondre :

– Oui, c'est bien Welford 703 267. Qui est à l'appareil ?

– Allô ?

La voix était timide et hésitante. Il y eut un long silence.

– Qui est à l'appareil, s'il vous plaît ?

– Allô, je demande Welford 703 267.

Décidément, la femme qui était au bout du

fil ne semblait pas très habituée à parler au téléphone.

– Puis-je vous aider ? demanda Cathy.

– Est-ce vous qui avez mis une annonce au bureau de poste ? Êtes-vous la personne qui a des chatons ?

– Oui, c'est bien moi ! répondit Cathy en souriant. Je suppose que vous êtes intéressée ?

Il y eut un nouveau silence entrecoupé de grésillements.

– Mon nom est Marjorie Spry. J'habite aux Décombres. S'il vous plaît, passez me voir cet après-midi, à deux heures précises.

Et on raccrocha.

Cathy fut soulagée de voir que leur plan marchait. Le week-end commençait bien ! Il était neuf heures du matin, et elle avait déjà eu un appel !

– Youpi ! s'écria-t-elle en sautant de joie. Maman, je vais annoncer à Papy la bonne nouvelle !

– Que dois-je faire s'il y a d'autres appels ? demanda Mme Hope en suivant Cathy sous le porche.

– Note les numéros sur le bloc, près du téléphone, s'il te plaît. Je suis si excitée que je ne peux pas attendre une minute de plus !

Et, sans même prendre le temps de mettre une veste, elle se précipita sur le chemin qui menait chez ses grands-parents. Quand elle arriva chez eux, ils étaient en train de ranger des provisions dans leur caravane.

– Tomate, minestrone, crème de poulet !

Sa grand-mère les tendait à son grand-père, puis les barrait sur sa liste.

– Un ouvre-boîtes ?

Son grand-père passa la tête par la porte et vit Cathy.

– Bonjour, ma petite ! lança-t-il.

– Ça a marché ! s'écria-t-elle en les saluant. Ton idée était géniale, Papy ! Ça a marché !

– Tu as eu une réponse ?

– Bien sûr qu'elle a eu une réponse, Tom ! Venez, entrons à la maison.

– Qui est-ce ? Quelqu'un que nous connaissons ? demanda son grand-père en s'asseyant à la table de la cuisine.

– Elle s'appelle Marjorie Spy. Non, Spry.

C'est ça, Marjorie Spry !

– C'est aux Décombres, n'est-ce pas ? voulut s'assurer sa grand-mère.

– Oui, pourquoi ? Tu la connais ?

– Oui. Elle habite la grande maison sur la route de Walton.

– Ah, je vois de laquelle il s'agit, dit Cathy. Elle et James passaient devant chaque matin en allant à l'école. Elle était située à l'écart de la circulation et avait une immense pelouse. L'endroit idéal pour un chat !

– Elle me demande de passer la voir cet après-midi, à deux heures.

– Eh bien, tu pourras figurer dans le livre des records ! s'exclama sa grand-mère.

– Pourquoi ? Qu'est-ce que tu veux dire ?

– Elles n'aiment pas beaucoup les visites ! reprit Dorothy. La dernière personne à avoir passé le seuil de cette maison est M. Lovejoy, le vieux pasteur qui était là avant M. Walters, et cela doit faire cinq ans maintenant !

Cathy n'en croyait pas ses oreilles.

– À la mort de leur père, poursuivit la

grand-mère de Cathy, les deux sœurs Spry sont entrées dans une sorte… d'hibernation. Mais je suppose qu'en ce qui te concerne, cela n'a pas d'importance. Si Marjorie Spry veut te voir à propos d'un chaton, tu n'as qu'à t'y rendre. Elles ne sont pas méchantes. Un peu bizarres, c'est tout, conclut-elle.

– J'irai ! Et James viendra avec moi, dit Cathy, pas très rassurée.

Elle aida ensuite ses grands-parents à achever les préparatifs pour leur première expédition en caravane. Lorsque tout fut prêt, ils embrassèrent Cathy et prirent la route des vacances.

Il restait quatre heures avant la visite aux Décombres. Cathy allait appeler James pour lui donner rendez-vous, terminer ses tâches quotidiennes à l'Arche des animaux et faire un saut à l'école pour nourrir Jossy et les chatons.

Les deux amis arrivèrent aux Décombres à deux heures précises. Ils s'arrêtèrent devant le portail pour observer les lieux.

C'était un immense manoir en pierre, avec des tourelles pointues à chaque angle et un toit à créneaux. Il était entièrement recouvert de lierre. Un escalier massif menait à la large porte d'entrée.

– Le décor parfait pour un film d'horreur ! murmura Cathy, un peu effrayée.

– Allons, n'aie pas peur ! N'oublie pas que je suis avec toi ! fanfaronna James.

Ils longèrent l'allée qui traversait le jardin et grimpèrent la volée de marches du perron. James regarda Cathy, puis appuya sur la sonnette. Silence. Il sonna encore. Et encore. Finalement, il entendit quelqu'un tourner la clé dans la serrure.

– Attendez ! ordonna une toute petite voix.

– On n'a pas vraiment le choix ! murmura James en pouffant.

– Chut ! fit Cathy.

Ils devaient se montrer sous leur meilleur jour.

La porte s'ouvrit enfin avec un grincement sinistre. Le vestibule poussiéreux leur apparut, tout en marbre rose, orné de panneaux de bois sombre et de chandeliers de verre. La maison ne semblait pas très accueillante. Des rideaux sombres tamisaient la lumière du jour. De grandes piles de journaux jaunis s'élevaient sur les étagères. À la vue de ce désordre, Cathy sentit son courage l'abandonner.

10

Une femme âgée se tenait devant eux. Ses bras et ses jambes maigres dépassaient d'une robe de chambre en soie crème. Elle cligna des yeux comme une chauve-souris éblouie par la lumière.

– Mademoiselle Spry ? demanda Cathy d'une voix incertaine.

– Qu'est-ce que vous voulez ? Nous ne recevons pas de visiteurs !

De sa main décharnée, elle resserra le col de sa robe de chambre.

– Mademoiselle Marjorie Spry ? répéta Cathy.

– Marjorie ! Marjorie ! cria la femme d'une voix aiguë.

Ils aperçurent alors la silhouette d'une autre femme, tout aussi frêle, qui se hâtait vers eux.

– Entrez, entrez ! dit la nouvelle venue en leur adressant un signe de bienvenue. Ils viennent à propos du chaton, Maggy. Laisse-les entrer, voyons !

Les deux femmes se faisaient face, les cheveux en bataille. Elles avaient les mêmes traits et le même timbre de voix. Des jumelles !

– C'est moi qui leur ai dit de passer, Maggy, reprit Marjorie. Je veux un chaton pour égayer cet endroit ! Enfin un peu de vie !

– Quel chaton ? demanda Maggy. Tu ne m'as pas parlé de cette histoire !

– Bien sûr que si ! répliqua sa sœur d'un ton brusque. Souviens-toi ! Une annonce au bureau de poste.

– Mais je n'aime pas les chats ! protesta Maggy.

Cathy était dans ses petits souliers. Elle pensait que Maggy aurait du mal à surmonter son aversion. De toute manière, qui voudrait laisser un chaton dans une maison aussi sinistre ? Elle vit que James avait la même impression.

La colère de Marjorie montait.

– Comment peux-tu le savoir ? Tu n'en as jamais eu un de ta vie ! vociférait-elle.

Elle se tourna vers Cathy et James :

– En ce qui me concerne, j'adore les chats ! Et je suis sûre que Maggy aussi, bien qu'elle prétende le contraire ! Elle dit ça simplement pour m'embêter. Elle prend un malin plaisir à me contrarier !

Dans son exaspération, elle pleurait presque.

– En fait, commença Cathy embarrassée, ils sont encore très jeunes, et nous essayons de leur trouver un foyer pour plus tard.

Elle ne pouvait se résoudre à abandonner un de ses chatons dans un endroit pareil !

– Quoi ? Vous ne l'avez pas amené ? s'enquit Marjorie d'un ton brusque.

– Non, ils sont beaucoup trop petits pour qu'on les sépare de leur mère. Si vous voulez bien, je vais prendre votre numéro de téléphone, et je vous rappellerai quand ils seront sevrés, proposa Cathy, bien décidée à n'en rien faire.
– Bon, d'accord, répondit Marjorie Spry, dépitée. Venez avec moi dans le bureau, je vais vous noter nos coordonnées.
Cathy et James emboîtèrent le pas à la vieille femme, tandis que sa sœur quittait le vestibule en bougonnant.

Sur le seuil du bureau, Cathy s'arrêta net. Du plancher au plafond se trouvaient des vitrines, des dizaines de vitrines. Et derrière ces vitrines poussiéreuses, trônaient… des animaux empaillés !
Un héron se tenait sur une patte, pêchant à perpétuité ; une loutre montrait les dents à un ennemi invisible ; un chat sauvage les observait avec circonspection. Cathy poussa un hurlement.
– Allons-nous-en ! s'écria James.

Pour une fois, il prenait les devants. Ils s'enfuirent en courant sans même se retourner pour voir s'ils étaient suivis.

– Eh, vous deux ! appela Marjorie Spry.

Mais ils étaient déjà au portail. C'est seulement une fois dehors qu'ils s'arrêtèrent pour reprendre leur souffle.

– C'est sans espoir ! dit Cathy en retenant ses larmes.

James resta muet, incapable de trouver une parole réconfortante. Tous deux étaient complètement abattus. C'est dans cet état d'esprit qu'ils se présentèrent chez les Williams pour nourrir les chats. Ensuite, ils rentrèrent à l'Arche, où les attendait la mère de Cathy.

– Mme Parker Smythe a téléphoné, leur annonça-t-elle. Elle serait intéressée par un des chatons…

11

Le lendemain, Cathy se leva de bonne heure. Elle devait remplir toutes ses tâches à l'Arche des animaux et s'occuper de Jossy et de ses petits avant son rendez-vous à neuf et demie avec Mme Parker Smythe. Elle se pressa tant qu'elle avait tout accompli avant que sa mère ait terminé son petit déjeuner.

– Si tu veux, je t'emmène en voiture chez les Parker Smythe, lui proposa Emily Hope.

C'était le seul appel qu'ils avaient reçu à propos des chatons depuis la veille. Cathy était reconnaissante à sa mère pour le soutien qu'elle lui apportait.

– Les Parker Smythe habitent très à l'écart du village, sur la colline, à la tour du Guet, ajouta Emily. Allons, viens ! Faut-il prévenir James ?

– Non. Il est déjà venu avec moi chez les Williams ce matin et il a un match de foot cet après-midi.

Elles sortirent de Welford et prirent la grand-route. Une colline escarpée se profila bientôt dans le lointain. À son sommet s'élevait un pilier de pierre, visible à des kilomètres à la ronde, qu'on appelait la tour du Guet.

– Je suppose que James a besoin de se remettre de la visite chez les sœurs Spry, dit Mme Hope.

– Nous en avons besoin tous les deux, acquiesça Cathy.

– Tu sais, il ne faut pas oublier qu'empailler des animaux était une mode au siècle dernier. Aujourd'hui, à part les sœurs Spry, la plupart des gens se sont débarrassés de ces « trophées ». Ne les juge pas trop sévèrement.

– D’accord, mais je n’ai pas du tout envie de placer un chaton dans cette horrible maison !

Quelques minutes plus tard, elles s’arrêtèrent devant une haute haie d’aubépines et un double portail en fer. Elles descendirent de voiture. Mme Hope dit quelques mots dans l’interphone, et le portail s’ouvrit. Elles empruntèrent un sentier qui traversait un grand jardin agrémenté de parterres de jacinthes, menant à une maison blanche.

Une femme blonde vint les accueillir. Elle portait un tailleur élégant et des bijoux en or.

– Madame Parker Smythe ? demanda Cathy d’une voix hésitante.

– C’est moi-même ! répondit-elle avec un accent un peu snob. Veuillez me suivre, je vous prie.

Elle les précéda dans un vestibule aux murs blancs et au sol carrelé recouvert de petits tapis, et elle les conduisit au salon.

– C’est donc vous qui avez affiché cette petite annonce dans la salle des fêtes ? Je l’ai aperçue en allant chercher Imogène aux jeannettes !

Cathy approuva d'un signe de tête. Il faut dire qu'elle avait du mal à placer un mot. Et puis, elle se sentait un peu intimidée par tout le luxe qui l'entourait. Mme Parker Smythe ne semblait pas remarquer son embarras.

– Imogène est ma fille. Elle a sept ans ! dit-elle fièrement.

– C'est donc pour elle que vous voulez adopter un chaton ? intervint enfin Cathy.

– Oui, voyez-vous, nous avons tant d'espace ici ! Et un si grand jardin ! Bien entendu, nous avons des caméras de sécurité et il n'y a aucun danger que le petit chat se perde ! Et quand nous partirons en vacances en Italie, Mme Bates, notre gardienne, s'occupera de lui et le nourrira.

– Pourrions-nous rencontrer Imogène ? demanda Cathy.

– Mais bien sûr ! Elle se baigne dans notre piscine.

La piscine intérieure se trouvait dans une serre chauffée, décorée de palmiers. Une petite fille y barbotait.

– Imogène ! appela sa mère.

Celle-ci l'ignora.
– Imogène, nous avons de la visite ! insista Mme Parker Smythe.
Mais la fillette ne daigna pas répondre. Elle continuait à patauger, ignorant leur présence. Cathy était étonnée par tant de grossièreté.
– Nous ferions mieux d'y aller ! dit Mme Parker Smythe en soupirant.
Elle saisit un peignoir et une serviette, puis se mit à longer la piscine. Cathy et Mme Hope la suivirent.
– Imogène ! Sors de l'eau, ma chérie. Cathy et sa maman sont venus nous parler du petit chaton !
Elle s'accroupit au bord du bassin.
– Je veux pas ! répliqua la fillette en l'éclaboussant.
– Sors de l'eau immédiatement, ou j'appelle ton père ! s'écria Mme Parker Smythe, qui commençait à perdre patience.
Avec moult soupirs et force protestations, Imogène finit par se hisser hors de l'eau. C'était une petite fille aux cheveux châtain

clair, assez rondelette, avec une moue boudeuse en guise de sourire. Elle se tortilla comme un ver quand sa mère voulut l'envelopper dans son peignoir, et elle rejeta la serviette que celle-ci lui avait tendue pour sécher ses cheveux.

– Bonjour, Imogène, dit Cathy.

Elle s'obligeait à se montrer aimable, bien que l'attitude de cette petite pimbêche l'énervât au plus haut point.

Imogène fit un mouvement brusque de la tête et renifla bruyamment à plusieurs reprises.

– Ta mère m'a dit que tu voudrais un chaton, poursuivit Cathy. J'en ai quatre de quelques jours seulement. Ils seront sevrés dans quelques semaines et auront besoin qu'on s'occupe d'eux !

– Je sais ça ! ronchonna Imogène. Tout le monde sait ça !

– Immi ! murmura Mme Parker Smythe.

– Il leur faut un foyer et quelqu'un de très gentil ! ajouta Cathy d'une voix nettement moins chaleureuse.

– De quelle couleur sont-ils ? demanda Imogène en adoptant le même ton que Cathy. J'en veux un blanc !

– La couleur, ce n'est pas le plus important ! Un chaton, ce n'est pas un jouet. C'est un animal qui grandira très vite et deviendra un gros chat. Tu devras le nourrir, t'occuper de sa litière, l'amener chez le vétérinaire… Cela demande beaucoup de soins et d'amour !

Imogène se tourna vers sa mère.

– J'en veux un blanc ! pleurnicha-t-elle.

– Mais, Immi…

Mme Parker Smythe regarda Cathy, impuissante. Celle-ci était furieuse. Elle se serait volontiers jetée sur cette gamine capricieuse pour la pousser dans la piscine.

Imogène lui fit une horrible grimace et se mit à pleurer de plus belle.

– Maman ! Je l'aime pas, cette fille ! Dis-lui de partir, maman !

– Immi, calme-toi ! Tu n'es pas obligée de prendre un chaton, ma chérie.

Cathy vit les yeux d'Imogène l'épier

derrière ses petits poings dodus. Elle semblait lui dire : « C'est bien fait pour toi ! »

– Nous allons vous laisser, lança Mme Hope en tirant Cathy par le bras.

Mme Parker Smythe les raccompagna jusqu'à la porte.

– Ne prêtez pas attention à elle, chuchota-t-elle sur le seuil. Imogène fait un de ses caprices. Amenez le chaton ; je la raisonnerai.

– Désolée, Madame Parker Smythe, mais c'est impossible. Imogène n'est pas capable de prendre soin d'un chaton ! affirma Cathy en tournant les talons.

Mme Hope la rejoignit au portail.

– Excuse-moi, maman. Je me suis montrée impolie, mais cette gamine est vraiment insupportable.

– Je comprends parfaitement ton agacement, ma chérie !

– Et à cause de cette peste gâtée-pourrie, c'est encore un échec ! C'est sans espoir !

Cathy était au bord des larmes, mais elle se reprit. Il fallait continuer à chercher ! Coûte que coûte, elle réussirait !

12

Le week-end était presque fini, et les chatons n'avaient toujours pas de foyer ! Cathy se tracassait beaucoup. Son père voulut la distraire.

– Tu peux m'aider à ramener le bébé écureuil chez Ernie ? lui demanda-t-il. Il se porte comme un charme. Ernie pourra l'installer dans l'enclos qu'il lui a préparé derrière sa maison. Nous verrons s'il s'y plaît…

Cathy accepta avec joie. Ils partirent à pied et descendirent le sentier jusqu'à la rue principale de Welford. Ils contournèrent le pub et débouchèrent dans une allée où cinq petites maisons se serraient les unes contre les autres. Alors qu'ils se dirigeaient vers celle d'Ernie, quelqu'un les appela.

– Bonsoir, Adam ! Bonsoir, Cathy !

– Bonsoir, Walter. Comment ça va ? lança M. Hope en s'arrêtant devant la maison de Walter Pickard.

– Faut pas se plaindre !

Cathy aimait bien le vieil homme. Il avait perdu sa femme l'année précédente, et il vivait en compagnie de ses chats. D'ailleurs, deux d'entre eux, de jolis tigrés roux, se prélassaient au soleil devant chez lui.

– Qu'est-ce que vous avez là-dedans ? demanda-t-il en s'approchant de la cage.

– C'est un bébé écureuil, expliqua Adam. Il est orphelin. Ernie l'a trouvé, et il a décidé de le garder.

– Ernie Bell ! Il a adopté un écureuil, ce vieux bougre ! s'exclama Walter, incrédule.

Cathy écoutait leur conversation d'une oreille distraite en caressant la fourrure tiède et douce d'un des chats roux. Tout à coup, une idée lui traversa l'esprit :

– Walter, combien de chats avez-vous ?

Sa voix se voulait neutre, mais l'excitation faisait battre son cœur plus vite.

– Trois, répondit-il en s'asseyant sur un tabouret devant sa porte. Celle-ci, c'est Miette, ajouta-t-il en désignant la chatte que Cathy caressait. Je l'ai appelée comme ça parce qu'elle mange tout ce qui lui passe sous le nez. Elle n'est pas difficile ! Celle-là, là-bas, c'est Mam'zelle, parce que c'est une vraie petite dame et qu'elle mange seulement le meilleur poisson et le blanc de poulet. Et puis, il y a Tom. Il est à l'intérieur. Nous en avions un autre, Susie. Ma femme adorait les chats ! Susie était sa favorite, mais elle est morte juste après Noël.

Pendant un moment, il se perdit dans ses souvenirs, puis il reprit :

– Susie était une petite chatte délicate, comme ma Marie. C'est pour ça qu'elle était sa préférée.

– Pourquoi ne pas reprendre un chat ?

suggéra Cathy en essayant de se contenir. Je cherche justement des foyers pour quatre chatons. Il y a une petite femelle, couleur écaille de tortue, qui s'appelle Amy et qui vous plairait, j'en suis sûre ! C'est une délicate, elle aussi !

Walter sembla intéressé :

– Écaille de tortue ?

– Oui. Les chatons ont seulement quelques jours, et nous devons aider la mère à les nourrir, car elle est trop faible. C'était une chatte abandonnée, précisa-t-elle pour apitoyer Walter.

Cathy imaginait déjà le chaton courant sur les dalles tièdes de la cour dans la chaleur de l'été, se faufilant entre les giroflées et faisant des culbutes sur les marches.

– Une adorable petite chatte ! répéta-t-elle en retenant son souffle.

– Ma foi, je la prendrais bien !

– Oh ! Ce serait un endroit parfait pour Amy ! C'est calme, ici, loin de la route. Et puis, les autres chats prendraient soin d'elle. « Dites oui ! » suppliait-elle intérieurement.

Mais, au même moment, une ombre se profila dans le couloir. Un énorme matou apparut à la porte.
– Tom ! Approche, mon gros ! appela-t-elle d'un ton câlin.
Mais le chat l'ignora. Il se tenait sur le seuil, le dos hérissé. C'était un vrai chat de gouttière : noir et blanc, le bout de l'oreille gauche déchiqueté et les moustaches en bataille. Il se dirigea vers les deux chattes rousses et s'assit près d'elles pour bien montrer qui était le maître.
– Ah, Tom ! soupira Walter. Miette et Mam'zelle accepteraient très bien cette petite Amy, mais pas Tom. Tu vois ce que je veux dire, n'est-ce pas ?
Cathy approuva de la tête. Elle était très déçue, mais elle devait se rendre à l'évidence. Elle se leva tristement. « Encore une occasion manquée ! » pensa-t-elle.
M. Hope, qui avait laissé sa fille tenter sa chance, intervint alors en lui rappelant l'objet de leur visite :
– Cathy, il ne faut pas oublier ce pauvre

écureuil ! Il doit en avoir assez d'être enfermé dans cette cage…

Ils saluèrent Walter et se rendirent chez Ernie, qui les attendait impatiemment.

Le chemin du retour fut assez morose, Cathy ne cessait de ruminer ses échecs. À leur arrivée à l'Arche des animaux, le dîner était prêt. Sachant que Cathy avait l'intention de faire un saut à l'école avant la nuit, Mme Hope s'était dépêchée de tout préparer.

À table, personne ne parla des chatons. Si quelqu'un en avait parlé, Cathy se serait effondrée. Elle dîna rapidement, puis fila rejoindre James pour nourrir Jossy.

Lorsqu'ils arrivèrent chez les Williams, ceux-ci s'apprêtaient à partir.

– Nous vous attendions pour sortir. Nous allons dîner chez des amis, et nous sommes déjà en retard. Tirez la porte en partant, leur recommanda Mme Williams.

Une fois seuls, Cathy et James s'occupèrent

de toute la petite famille. À chacune de leurs visites, leur tendresse pour les chatons augmentait. Les bébés de Jossy mesuraient maintenant environ douze centimètres de long et devaient peser autour de cent grammes. Ils n'avaient pas encore essayé de se mettre debout, et ils étaient toujours aveugles.

Smoky semblait le plus robuste de tous, mais Patch ne se laissait pas faire non plus au moment de la tétée. Quant à Amy et Éric, ils étaient très calmes.

Ils étaient tous bien installés pour la nuit. James lavait le bol de Jossy tandis qu'elle se frottait contre ses jambes en une dernière caresse avant de retrouver ses petits.

Après avoir vérifié si tout était en ordre, les deux amis quittèrent la maison.

– Tu vois, au moins, avec les ordinateurs, c'est plus simple ! dit soudain James alors qu'ils rentraient à vélo.

– Qu'est-ce que tu racontes ? s'étonna Cathy.

– Eh bien, tu ne t'attaches jamais à un ordinateur ! S'il tombe en panne, tu le remplaces. Tandis qu'avec les animaux…

– Pourquoi tu dis ça ?

– Je me fais du souci pour Benji, finit par avouer James.

– Il y a un problème ?

Cathy connaissait bien Benji. C'était un adorable chat noir, très affectueux.

– Je ne sais pas, répondit James. Ma mère doit l'amener à l'Arche des animaux demain matin pour que tes parents l'examinent.

Cathy soupira. Ce week-end n'était vraiment qu'une succession de mauvaises nouvelles !

13

« J'aimerais tant trouver un foyer pour l'un des chatons ! » pensa Cathy en se préparant pour aller à l'école. Ce n'était pas trop demander, et ce serait un début.

Elle passa en revue les personnes qu'elle avait vues jusqu'à présent : les sœurs Spry et Imogène Parker Smythe étaient incapables de prendre soin d'un chat. Walter Pickard, lui, était parfait ! Si seulement son vieux matou avait eu meilleur caractère !

En sortant pour prendre sa bicyclette, elle se heurta à sa mère.

– Il y a eu des coups de téléphone, ce matin ? demanda Cathy.

– Je suis désolée, ma chérie, nous n'avons eu aucun appel…

La réponse de sa mère anéantit ses dernières espérances. Elle quitta tristement l'Arche des animaux et rejoignit James, qui l'attendait devant sa maison. Tandis qu'ils pédalaient, James était plus silencieux qu'à l'ordinaire, mais Cathy était elle-même trop absorbée par ses pensées pour s'en rendre compte.

Tout au long de la journée, Cathy était dans une sorte d'état second. Incapable de se concentrer sur ses cours, elle se fit réprimander par un de ses professeurs. Elle ne pensait qu'aux petits de Jossy et au moyen de les sauver.

Elle décida de retourner voir Walter après avoir nourri les chatons. Elle inventerait une excuse pour que Walter n'ait pas l'impression qu'elle revenait à la charge. Elle prétendrait qu'elle venait rendre visite à l'écureuil d'Ernie Bell, et le tour serait joué !

Lorsqu'elle arriva dans l'allée, Walter se trouvait dans la cour, devant sa maison. Il la salua d'un signe de la main.

Cathy s'arrêta et appuya sa bicyclette contre le mur.

– Bonsoir, Walter ! Je passais pour voir comment se porte l'écureuil de M. Bell.

– Ah, je ne sais pas si ce sera possible, remarqua Walter. Ernie a un drôle de caractère… Il n'ouvre pas toujours.

– Eh bien, je vais quand même tenter ma chance. À tout à l'heure !

Elle marcha jusqu'à la maison d'Ernie et frappa à la porte. Comme elle n'entendait pas de réponse, elle frappa de nouveau.

– Minute ! Minute !

Elle entendit le bruit des verrous que l'on poussait, du loquet que l'on tournait, et Ernie parut enfin.

– Oui ? fit-il d'un ton sec.

C'était un petit homme avec une tignasse de cheveux blancs et raides. Avec son nez pointu et ses petits yeux noirs brillants, il ressemblait à un oiseau.

– Bonsoir, je suis venue avec mon père hier vous ramener l'écureuil, lui rappela Cathy. Comment va-t-il ?

– Très bien, pourquoi ?

– Oh rien, je..., commença Cathy.

Devant la mine renfrognée d'Ernie, elle décida de changer de tactique :

– Comment l'avez-vous appelé ?

– Sammy.

– C'est mignon, et ça lui va bien ! Est-ce que je peux le voir ? Il doit être bien installé dans l'enclos que vous lui avez préparé.

Ernie, flatté par ce petit compliment, la laissa entrer.

– C'est par là.

À travers un couloir sombre, il la conduisit dans sa cuisine, puis jusque dans la cour, à l'arrière de sa maison. Quatre jardins plus loin, Walter prenait le frais.

– Salut, voisin ! lança-t-il à Ernie.

Celui-ci grommela quelques mots. Il restait debout, méfiant, à observer Cathy, qui examinait l'enclos de l'écureuil.

– Sammy ! appela-t-elle doucement.

À l'extrémité de l'enclos se trouvait un clapier solidement bâti, avec une petite ouverture à l'entrée, que seule une créature aussi minuscule et agile qu'un écureuil pouvait utiliser. La petite bête y passa sa tête ronde.

– Tiens, attire-le avec ça ! proposa Ernie en donnant à Cathy quelques cacahuètes.

Sammy s'élança hors du clapier et s'accrocha au grillage, la tête en bas. Cathy lui tendit la nourriture dans la paume de sa main. Sammy la regarda un instant, puis tendit une patte et saisit une cacahuète, qu'il se mit à grignoter.

– Quelle installation ! s'exclama-t-elle. Vous avez fait du bon travail !

– C'est normal, j'ai été charpentier pendant plus de cinquante ans !

À force de bavarder avec Ernie, Cathy faillit oublier le vrai but de sa visite dans le secteur. En apercevant Walter, qui était toujours dans son jardin, elle s'en souvint tout à coup : elle devait le faire changer d'avis pour qu'il adopte un chaton !

– Je vous laisse, dit-elle à Ernie. Pourrai-je revenir voir Sammy ?

– Tu n'as qu'à passer, répondit-il en la raccompagnant. On verra bien si je suis dans le coin.

Après avoir pris congé, Cathy se dirigea vers la maison de Walter, bien décidée à convaincre le vieil homme et son matou :

– Alors, Walter, comment va Tom ? lança-t-elle, l'air détaché.

Il l'interrompit aussitôt :

– Pas la peine d'essayer de nous amadouer, jeune demoiselle ! Je sais déjà ce que tu vas nous demander, et notre réponse est non !

Pour confirmer ses dires, Tom surgit sur le pas de la porte et poussa un miaulement rauque.

– Tu vois ! confirma Walter en riant. Rien ne va plus quand Tom entre en scène ! Mais tu sais quoi ? Je crois que j'ai une idée !

Il regarda au bout de l'allée, vers la maison d'Ernie.

– Tu t'es bien entendue avec le vieil Ernie, n'est-ce pas ?

– Je crois. Vous pensez que je pourrais lui demander de prendre un chaton ?

– Non, non, il ne faut surtout pas le lui demander directement !

– Pourquoi pas ? Il aime les animaux. Il a sauvé le petit Sammy, non ?

– Oui, mais quand on impose quelque chose à Ernie, il dit toujours « non », par principe. C'est un vieux grognon.

Cathy dut convenir que le vieil Ernie était un peu spécial.

– Alors, quelle est votre idée ?

– Écoute-moi…

Et Walter entraîna Cathy dans sa cuisine, loin des oreilles et des regards indiscrets.

Son plan était risqué, mais Cathy n'avait plus que quarante-huit heures pour résoudre quatre gros problèmes. Elle écouta les conseils de Walter, réfléchit un instant et approuva son idée.

Après avoir passé un coup de fil chez elle pour prévenir qu'elle serait en retard, elle se remit en route vers l'école.

Après avoir nourri Amy, Cathy la déposa

dans une boîte en carton préparée à son intention. Jossy s'approcha et donna un petit coup de langue à son chaton, puis regarda Cathy avec confiance et se retira dans le panier à linge. La petite fille referma soigneusement la boîte et, sortant de la maison, l'attacha sur son porte-bagages et se mit à pédaler très lentement vers Welford pour ménager son précieux colis.

Elle s'arrêta derrière le pub en prenant bien soin de ne pas être vue des maisons. Elle détacha ensuite la boîte de son porte-bagages et se glissa chez Walter.

14

– Tu l'as ? demanda Walter.

Cathy acquiesça. Elle ouvrit la boîte. À la lumière, Amy se mit à miauler.

– Mais… c'est tout petit, ça ! s'attendrit Walter en découvrant le chaton.

– J'espère que votre plan va fonctionner…

– Ernie a son caractère, tu sais. Mais je le connais ! Il faut qu'il ait l'impression que c'est son idée à lui !

– Vous voulez dire que si je lui demandais d'adopter Amy, il refuserait ; alors que s'il trouve un chaton abandonné sur le seuil de sa porte, il le prendra bien volontiers chez lui ?

– Oui. Il viendra me demander mon avis, parce qu'il sait que j'ai trois chats. Comme il a l'esprit de contradiction, je ferai semblant de vouloir le dissuader de la garder. Je suis persuadé qu'il mordra à l'hameçon !

– Vraiment ?

– Malgré les apparences, Ernie a un cœur d'or ! expliqua Walter en souriant. Et puis, de toute façon, qu'est-ce qu'on a à perdre ? Tentons notre chance !

Portant avec précaution son précieux fardeau, Cathy avança dans l'allée. Arrivé devant chez Ernie, elle déposa rapidement la petite chatte sur les marches. Amy se tortillait et poussait des miaulements à fendre l'âme. Le cœur brisé, Cathy se sauva en courant jusqu'à la maison de Walter.

– Nous n'avons plus qu'à attendre, lui dit Walter.

Ils se postèrent derrière une fenêtre. La porte d'Ernie restait obstinément close. L'attente se prolongea, angoissante.

– Il n'est pas sourd au moins ? s'inquiéta Cathy.
C'est alors qu'ils virent la porte s'entrouvrir. Ernie contemplait avec stupéfaction la petite bête. Puis il ramassa le chaton et lui donna quelques caresses pour le réconforter. Il fit deux pas en direction de la maison de Walter, puis se ravisa et rentra chez lui, Amy dans les mains.
Walter se tourna vers Cathy et leva le pouce en signe de victoire :
– Je crois que ça a marché !
Ils durent patienter une demi-heure, peut-être plus, avant d'entendre le pas traînant d'Ernie qui se dirigeait vers la porte de Walter.
– Ne dis rien ! chuchota Walter. Et reste ici !
Il se leva pour ouvrir à Ernie.
– Hé, Walter ? Tu en connais un rayon sur les chats, n'est-ce pas ?
– C'est vrai, Ernie. Pourquoi ? Qu'est-ce que tu as là ? demanda-t-il, faussement curieux.
– Un chaton.

– Vraiment ? Montre-moi !
Ernie souleva un pan du vieux pull dans lequel il avait enveloppé Amy.
– Il tremblait, je me suis dit qu'il avait froid ! expliqua-t-il à Walter.
– Pas étonnant, répondit celui-ci. Il n'a que quelques jours.
– Je l'ai trouvé sur le pas de ma porte. Je crois que sa mère l'a abandonné.
– Eh bien ! C'est ta semaine : d'abord l'écureuil, maintenant ce chat ! Tu vas devoir te débarrasser de lui. Deux orphelins d'un coup, c'est plus que tu n'en peux supporter !
Ernie jeta à Walter un regard furieux :
– Qu'est-ce que tu imagines ? Je n'ai pas l'intention de me débarrasser de ce chat ! s'exclama-t-il en enveloppant Amy avec soin.
– Et comment vas-tu le nourrir ? insista Walter. Regarde-le, pauvre petit bout ! Il a sûrement faim.
– C'est justement pour cela que je viens te voir. Qu'est-ce que tu me conseilles de lui donner à manger ?

Walter prit un air ennuyé :
– Il est trop jeune pour qu'on puisse s'en occuper ! Il a besoin d'une mère chatte qui nourrit déjà ses petits.
– Zut ! Où est-ce qu'on va trouver ça ? Oh, je sais ! s'exclama Ernie en serrant Amy sur son cœur. Appelons Cathy, la fille des vétérinaires. Elle pourra nous aider.
– Oh, elle saura, pour sûr ! acquiesça Walter avec un petit sourire.
Dans la cuisine, Cathy, qui avait tout entendu, sourit également. Le plan de Walter avait parfaitement fonctionné !
– Alors, téléphone-lui et demande-lui de venir chez moi. Dis-lui que nous avons besoin d'une mère chatte sur-le-champ, sinon mon petit chaton va mourir de faim !
– Entendu !
Quand Ernie repartit chez lui avec Amy, Walter entra dans la cuisine, où il retrouva Cathy, le visage radieux. Ils avaient enfin trouvé un premier foyer !
Cathy attendit un peu avant de rendre une visite à Ernie. Après avoir nourri Amy

d'une main experte, elle lui caressa l'abdomen pour faciliter la digestion. Ernie l'observait attentivement.

– Il faut le faire, expliqua Cathy, sinon ils risquent d'être constipés. C'est pour ça que leur mère les lèche après la tétée. Bien, je vais y aller maintenant !

En arrivant, elle avait prévenu Ernie qu'il ne pourrait pas garder le chaton tout de suite. Elle lui avait raconté qu'elle connaissait quelqu'un dont la chatte était en train de nourrir ses petits ; alors, un chaton de plus…

Ernie prit son chaton pour lui dire au revoir. Ses doigts maladroits paraissaient énormes à côté de la tête minuscule d'Amy. Mais il la tenait avec délicatesse en lui parlant affectueusement. Il leva la tête.

– Je l'appellerai Paille !

– Bonne idée ! Et ne vous inquiétez pas, Paille sera de retour chez vous dans six ou sept semaines, lui assura Cathy en saisissant le chaton pour le poser doucement dans la boîte.

15

Le lendemain, Cathy raconta à James ses aventures. Elle était ravie : le soleil brillait, les choses commençaient à s'arranger. James se contenta de hocher la tête. Il était pâle et semblait fatigué.

– Quelque chose ne va pas ?

James ne répondit pas

– C'est à cause de Benji, n'est-ce pas ? murmura-t-elle.

Il baissa la tête.

– Oh, James, je suis désolée !

Quelle idiote elle faisait ! Elle était si

heureuse d'avoir placé un chaton qu'elle avait complètement oublié que le pauvre Benji était malade.
James était incapable de dire un mot. Il soupira.
– Il va aller mieux, n'est-ce pas? Mes parents vont certainement trouver ce qu'il a. Est-ce que c'est sérieux? Qu'est-ce qu'ils ont dit?
Cathy blêmit. Elle sentit que quelque chose d'affreux s'était produit. Elle n'avait jamais vu James aussi triste.
– Benji est mort, annonça-t-il. Nous avons dû l'euthanasier.
Cathy en eut le souffle coupé.
– Nous ne pensions pas que c'était sérieux : il avait l'air un peu sonné et ne voulait pas manger.
James fit une pause avant de poursuivre :
– Comme il titubait un peu, mon père a plaisanté en disant qu'il avait dû sortir samedi soir et qu'il avait trop bu. Mais maman s'est inquiétée. Elle l'a emmené à l'Arche des animaux. C'est ta mère qui l'a

examiné. Elle a dit qu'il avait une tumeur au cerveau.

– Et alors ?

– Elle nous a expliqué qu'il n'y avait rien à faire et qu'il souffrirait beaucoup.

– Et ta mère a accepté qu'on abrège ses souffrances ?

James approuva de la tête :

– Cela aurait été trop cruel de le laisser vivre.

Cathy était atterrée. Elle n'avait rien su de ce drame : ses parents avaient sans doute voulu éviter de la perturber.

L'espace d'une seconde, la main de Cathy effleura celle de James.

Il y eut un grand silence. Les deux enfants pensaient à Benji. Au vieux et patient Benji qui avait grandi avec eux et qui cherchait toujours leurs compagnies et leurs câlins.

– Allons-y ! dit enfin James en essayant de prendre sur lui. Il ne faut pas oublier Jossy et ses petits !

La journée passa très lentement. Cathy pensait au pauvre Benji ; elle partageait la peine de James, qu'elle voyait errer tristement dans la cour pendant la récréation, ce qui ne lui ressemblait pas.

Pourtant, quand ils se retrouvèrent après l'école, le visage de son ami était calme.

– Je vais passer un coup de fil à ma mère et je te rejoins chez les Williams, lui dit-il.

Cathy commença donc sans lui et, comme d'habitude, les soins à donner aux chatons accaparèrent toute son attention. Elle observait avec délice leurs petits corps qui gigotaient, leurs oreilles qui se redressaient déjà, leurs mouvements patauds.

James entra au moment où elle sortait Éric du panier.

– Tiens, à toi de le nourrir ! dit-elle, pensant que ça lui changerait les idées.

Ils s'occupèrent des chatons en silence pendant quelques minutes. Puis James se cala dans sa chaise et déclara :

– Je vais prendre Éric !

Cathy le regarda, ébahie.

– J'ai bien réfléchi : je vais adopter Éric ! répéta-t-il.

– Tu es sûr ? Ce n'est pas trop tôt... Je veux dire, es-tu vraiment prêt ?

– Tout à fait. J'ai appelé maman, et elle est d'accord. Si nous devons avoir un autre chat après Benji, autant le prendre tout de suite, ajouta-t-il en regardant, mi-gai, mi-triste, le petit bout qui gigotait sur ses genoux.

– Oh, super ! Tu entends ça, Jossy ? Oh, c'est génial, James ! s'écria Cathy en riant.

Il y avait un tas de détails pratiques à organiser. M. Williams allait mettre les chatons dehors le lendemain : il fallait trouver un moyen de garder ensemble Jossy et ses petits jusqu'à ce que ceux-ci soient sevrés. Un foyer intermédiaire en quelque sorte.

– C'est notre prochaine mission ! conclut Cathy, tout heureuse. En tout cas, nous avons déjà deux foyers parfaits !

16

– Et de deux ! annonça Cathy à sa mère en rentrant chez elle.

– J'étais sûre que tu trouverais une solution, ma chérie. Qui sont les heureux « parents » ? demanda Mme Hope en souriant.

Lorsque Cathy eut fini de raconter les derniers événements à sa mère, celle-ci lui annonça que ses grands-parents étaient rentrés de leur voyage en caravane.

– Super ! Je peux y faire un saut maintenant ?

– File ! J'ai l'impression qu'ils sont aussi impatients que toi !

La caravane trônait dans l'allée qui menait au cottage.

– Salut, Papy ! Salut, Mamy ! s'écria Cathy en leur sautant au cou.

Elle leur rapporta les bonnes nouvelles à propos de Paille – ex-Amy – et d'Éric. Elle parla de James comme d'un véritable héros.

– Et vous ? Comment s'est passé ce voyage à Scarborough ? demanda-t-elle enfin.

Son grand-père et sa grand-mère échangèrent un long regard.

– Nous nous sommes rendu compte que nous n'étions qu'une paire de vieux ! lança Dorothy.

– Pourquoi vous dites ça ?

– Eh bien, nous avons compris que tout un tas de choses nous manquaient : notre famille, notre maison, mes tomates…, poursuivit Tom.

Cathy les observa longuement. Une question lui brûlait les lèvres :

– Est-ce que cela veut dire que vous prendrez un chaton, finalement ?

Tous deux souriaient en la regardant avec tendresse.

– Ce n'est pas trop tôt ! s'exclamèrent-ils en chœur.
– J'ai bien cru que tu ne nous poserais jamais la question ! reprit Tom. Mais il y a deux conditions.
– Lesquelles ?
– D'abord, tu dois accepter de venir le nourrir et t'en occuper chaque fois que nous serons absents.
Cathy était tellement heureuse qu'elle était incapable de prononcer un mot. Elle se contenta d'approuver de la tête.
– Et, ensuite, continua son grand-père en fronçant les sourcils et en feignant d'être sérieux, tu dois jurer d'arroser mes tomates !
– Oh oui ! s'écria Cathy. Je vous promets de m'occuper de Smoky et des tomates chaque fois que vous serez sur les routes !
– Smoky ?
– C'est le petit matou dont vous prendrez soin. Vous verrez, il est adorable.

Le jeudi tant redouté arriva. Cathy était heureuse d'avoir casé trois chatons, mais elle se désolait pour Patch, qui n'avait pas trouvé de maître.

Assise à la table du petit déjeuner, Mme Hope l'observait.

– Un problème ? demanda-t-elle.

– Tu sais quel jour nous sommes ? dit Cathy d'une voix triste.

– Jeudi, répondit son père de derrière son journal.

– Oui, jeudi. Et je n'ai trouvé que trois foyers pour les chatons de Jossy. Il en reste un et aujourd'hui, c'est le dernier délai !

L'expression « dernier délai » résonnait lugubrement dans son esprit.

– Papy et Mamy sont d'accord pour garder Jossy et les chatons jusqu'à ce que les petits soient sevrés, ajouta la fillette. Mais il faut que je trouve un foyer pour Patch !

Ses yeux se remplirent de larmes.

– Ne pleure pas, ma chérie. Je viendrai te voir à l'école, à l'heure du déjeuner, d'accord ? proposa sa mère.

– Pourquoi ? demanda Cathy en se mouchant et en séchant ses larmes.

– Je ne peux rien te dire pour l'instant. Attends, et tu verras.

À midi, Cathy nourrissait Patch, le cœur brisé. James jouait avec le petit Éric et les deux autres chatons se chamaillaient au fond du panier, quand quelqu'un frappa à la porte de la cuisine. Mme Williams alla ouvrir.
– Bonjour. Excusez-nous de vous déranger. Est-ce que Cathy est là ?
Cathy reconnut la voix de sa mère.
– J'ai amené quelqu'un avec moi, dit Mme Hope. Nous permettez-vous d'entrer pour voir à quoi ressemble ce petit chat ?
Cathy se leva, tenant toujours Patch dans ses mains. C'est alors qu'elle aperçut… Marjorie et Maggy Spry ! À quoi donc pensait sa mère ? Elle allait protester, mais le regard que celle-ci lui jeta l'en dissuada.
– Voici le chaton que Cathy pensait vous proposer, expliqua Mme Hope. Je suis persuadée qu'elle va profiter de cette occasion pour s'excuser de s'être enfuie si vite ce jour-là.

Elle sourit à Cathy, qui rougit sans pouvoir dire un mot. Les deux sœurs se penchèrent vers Patch. Elles le contemplèrent quelques minutes, puis elles se regardèrent en silence. Cathy commençait à se remettre du choc de cette rencontre. Sa mère devait savoir ce qu'elle faisait. Et puis, sans leurs robes de chambre, les jumelles Spry lui paraissaient moins étranges que lors de leur première entrevue.

– C'est le chaton qui n'a pas encore de foyer, annonça Cathy.

Elle tendit Patch à l'une des jumelles, sans savoir de laquelle il s'agissait.

– Non, donnez-le à Maggy, dit celle-ci. Elle m'a promis d'essayer de l'aimer !

Cathy se tourna vers l'autre sœur. Les mains tremblantes, Maggy prit la petite boule de poils et la berça contre sa poitrine. Puis elle approcha le chaton de son visage, et Patch se mit à lui lécher le nez.

– Comment s'appelle-t-il ?

– Patch. Il a à peine une semaine !

Maggy leva les yeux vers sa sœur.

– Je crois… je crois que je l'aime bien ! avoua-t-elle.

– Mais naturellement que tu l'aimes ! Je te l'avais dit ! s'écria Marjorie.

Alors, l'atmosphère se détendit. Tous se mirent à parler en même temps. Puis Cathy déclara qu'il était temps de rendre le chaton à sa mère.

– Trop d'excitation, ce n'est pas bon pour lui ! expliqua-t-elle en reposant Patch dans le panier.

Les sœurs Spry la remercièrent en souriant et partirent, heureuses, bras dessus, bras dessous.

– Je t'avais bien dit qu'elles n'étaient pas méchantes ! lança Mme Hope. Il ne faut pas se fier aux apparences. Ce chaton est le plus grand bonheur qui soit arrivé aux jumelles depuis longtemps !

Cathy se jeta dans les bras de sa mère en riant. Un grand poids venait de lui être enlevé.

– Oh, merci, Maman ! Nous avons réussi !

– « Vous » avez réussi, James et toi.

Les deux amis se regardèrent en souriant.

Cet après-midi-là, après l'école, l'heure du grand déménagement était arrivée.

– Allons, Jossy, il est temps de bouger, dit gentiment Cathy. Tu n'auras rien à faire. Tu en as, de la chance !

– Tu es sûre que c'est le bon moment ? intervint Mme Williams.

Il n'y avait pas le moindre signe de son mari à l'horizon. La pluie menaçait quand la voiture des grands-parents de Cathy s'arrêta devant la maison.

– Jossy n'abandonnera plus ses petits maintenant ? insista-t-elle.

– Non, tout ira bien, madame Williams, ne vous inquiétez pas !

Cathy comprit que Jossy et ses chatons allaient manquer à la femme du concierge.

– Jossy les défendrait maintenant jusqu'à la mort ! Grâce à vous, elle a créé un lien solide avec ses petits. Merci, madame Williams ! À présent, ce sont mes grands-parents qui veilleront sur eux !

– Et ensuite ? demanda Mme Williams.

– Ensuite, James prendra Éric chez lui, mes

grands-parents garderont Smoky et Ernie Bell adoptera Amy, euh… Paille, énuméra Cathy. Et Patch vient de trouver un foyer aux Décombres !

– Et qui s'occupera de Jossy ?

– Nous ne savons pas encore !

– Nous avons le temps d'y penser, la rassura James.

– Laissez-moi en parler à mon Éric… En tout cas, prenez soin de tout ce petit monde !

17

Trois semaines plus tard, Smoky, Patch, Paille et Éric commençaient à gambader dans le jardin des grands-parents de Cathy. Installés sur la pelouse, ils passaient leur temps à essayer d'attraper les papillons qui se posaient sur les bégonias pourpres. Ils sautaient, cabriolaient, et les manquaient à chaque fois.

James venait souvent rendre visite à Éric. Il s'allongeait sur l'herbe moelleuse, une revue étalée devant lui. Il faisait semblant de lire alors qu'en réalité il suivait les moindres mouvements de son chaton, les grands coups de patte qu'il lançait aux turbulents Smoky et Patch, ses bouderies à l'ombre des feuilles de rhubarbe.

– Tu verras, après une semaine passée chez toi, il deviendra aussi doux et patient que l'était Benji, affirma Cathy. La famille Hunter sait s'y prendre, avec les chats !

James leva les yeux de sa revue et sourit. Cathy descendait régulièrement au village pour donner à Ernie des nouvelles de Paille. Il lui posait des questions sans fin sur le chaton et attendait avec la plus grande impatience le moment où il pourrait le prendre chez lui. Il avait beaucoup changé au contact de Sammy. « Holà, toi ! » disait-il à l'écureuil perché sur son épaule en le chassant d'une pichenette. « Arrête de me mordiller l'oreille ! » Cathy riait :

– Il sera certainement jaloux de Paille !

Trois nouvelles semaines passèrent. Les vacances du second trimestre arrivaient. Jossy allaitait ses petits de moins en moins souvent. Elle les regardait prendre de la nourriture solide et se montrait plutôt lasse de la maternité. Son rôle de mère s'achevait. La veille des vacances, Cathy rangeait ses affaires et se préparait à rentrer chez elle quand elle entendit la voix de M. Williams. Elle sursauta. Le concierge lui adressait rarement la parole depuis l'aventure des chatons, et cela faisait des semaines qu'elle n'avait pas vu sa femme.

– Comment se portent les chatons ? grommela-t-il.

– Très bien.

– J'ai entendu dire que vous avez trouvé des gens pour s'en occuper ?

Il semblait avoir une idée en tête :

– Viens une minute, je voudrais te dire un mot !

Cathy reprit le chemin de l'école... le premier jour des vacances. Elle portait un panier solidement attaché sur son porte-bagages. Elle posa sa bicyclette contre le portail de l'entrée. « Qui l'aurait cru ? »

pensa-t-elle en ouvrant le panier. Elle y plongea les mains et souleva délicatement Jossy.

– Viens, ma belle ! murmura-t-elle.

– Chut ! fit M. Williams en montrant la porte. C'est une surprise !

Cathy posa la chatte sur le sol. Le poil immaculé, distinguée et élégante, elle huma le tas de bois, gratta le paillasson, poussa la porte avec sa patte.

– Éric ! cria Mme Williams. Jossy est revenue !

Ils entrèrent à leur tour. Amy regardait la chatte avec étonnement. Son mari eut un petit rire amusé :

– C'est moi qui ai demandé à Cathy de la ramener à la maison pour toi !

Mme Williams leva la tête vers lui et ses yeux se remplirent de larmes :

– Oh, Éric !

– Eh bien, lâcha-t-il, l'air embarrassé, je savais que ce chat te manquerait !

Il se tourna vers Cathy.

– Elle m'en rebattait les oreilles ! Elle est

trop tendre, ma femme ! Ça la perdra !
Cathy regarda Jossy s'enrouler autour des jambes de Mme Williams en ronronnant avant d'aller fureter dans le coin où se trouvait d'habitude sa nourriture. Elle leva la tête, semblant dire : « Alors, où est mon assiette ? » Ils éclatèrent de rire.

– Elle va partir avec nous ! dit Mme Williams.

– Pourquoi ? Où allez-vous ?

– Nous avons décidé de prendre notre retraite, lui apprit Mme Williams. Et nous habiterons l'un des nouveaux bungalows, en haut de la côte !

– Un endroit tranquille avec un grand jardin, ajouta M. Williams.

– Ce sera parfait pour Jossy ! s'écria Cathy avec joie.

Le concierge regarda sa femme et se résolut à sourire :

– Je crois bien !

– Il faudra que vous preniez rendez-vous à l'Arche des animaux pour faire opérer Jossy.

– Quoi ? répéta M. Williams, soudain inquiet.

– Oui, pour qu'elle n'ait plus de chatons.

– Oh, ça, oui ! Je ne veux pas me retrouver avec toute une portée sur ma plus belle chemise, répliqua-t-il avec un large sourire.

FIN

EXTRAIT

Et voici une autre aventure
de Cathy et James
dans

UN HAMSTER
TROP GOURMAND

S.O.S. ANIMAUX

11

Courbé sous la bruine, le grand-père de Cathy contemplait d'un air songeur les deux arbres abattus. Les troncs pointaient leur tête à travers la brume. Il leva les yeux en entendant Cathy, qui venait à sa rencontre :

– Bonjour, ma chérie. Qu'est-ce qui t'amène ici ?

– Je te cherchais, Papy.

Elle le rejoignit, foulant les hautes herbes. Plus loin s'étendaient les courts de tennis, lisses comme des tables de billard.

– Alors, ce sont les jeunes du camping qui ont fait ça ? lui demanda-t-elle.

– Tu veux un avis d'expert ?

Cathy acquiesça, impatiente. Son grand-père s'y connaissait bien en plantes et en jardinage.

– Selon moi, ces arbres n'ont pas pu être cassés à mains nues.

– Tu es sûr, Papy ?

– J'en suis persuadé ! Quand on veut arracher une pousse indésirable dans son jardin, une grosse ronce par exemple, il faut avoir une sacrée force ! Et ces deux arbrisseaux étaient beaucoup plus gros qu'une ronce…

– Alors, qui a commis un tel acte ?

Papy s'accroupit pour examiner les troncs.

– Difficile à dire ! soupira-t-il. Mais, regarde : ce tube en plastique qui protégeait le tronc est déchiré jusqu'au sol, et il y a des griffures sur l'écorce. Ça a sûrement été fait par une machine…

Il promena son regard le long de la rivière, comme s'il espérait apercevoir l'arme du crime.

– Quelle sorte de machine ? demanda Cathy.

– Va savoir... Pour venir jusqu'ici, il faut un 4 x 4, un tracteur ou quelque chose dans ce genre. Un engin lourd et costaud. Il a dû accrocher les arbres au passage.
– Les campeurs sont donc hors de cause ?
– Oui, sans aucun doute.
Le cœur plus léger, Cathy salua son grand-père et enfourcha de nouveau sa bicyclette.
Tandis qu'elle gravissait la colline où se dressait la maison des Parker Smythe, elle repensa au surprenant coup de téléphone d'Imogène. Elle avait paru troublée, comme si quelque chose d'important la tracassait...
Le portail était ouvert, et un chat noir dormait au milieu de l'allée. La jeune fille sonna directement à la porte d'entrée, et M. Parker Smythe vint lui ouvrir.
À cet instant, Imogène dévala les marches de l'escalier quatre à quatre.
– Cathy vient jouer avec moi ! cria-t-elle en se glissant devant son père. Je l'ai invitée !
Elle tira Cathy par le bras dans le hall

carrelé, puis en haut de l'escalier. Elle était plutôt petite pour ses huit ans, mais robuste. Cathy se sentit propulsée dans la luxueuse chambre de la fillette.

Imogène s'empressa de fermer la porte.

– Je suis contente que tu sois là ! hoqueta-t-elle, sans lâcher le bras de Cathy.

Elle avait les joues en feu et une expression inquiète sur le visage.

– Quelque chose ne va pas, Imogène ?

Cathy s'assit sur le lit trop mou, recouvert d'une broderie blanche. Un panda géant et un ours rose basculèrent sur ses genoux.

– Non ! Ou plutôt si ! Oh là là…

Imogène s'effondra à côté d'elle :

– J'ai quelque chose à te dire, mais maman risque d'être très en colère. Si seulement j'en avais parlé plus tôt, ils n'auraient pas eu tous ces ennuis !

– Mais de qui parles-tu ? Qui n'aurait pas eu d'ennuis ?

Cathy s'efforçait de la rassurer en prenant sa

voix la plus douce.
– Les enfants du camping. On va les chasser à cause des pots de fleurs. Tout est de ma faute ! C'est moi qui ai laissé croire que c'étaient eux.
Imogène éclata en sanglots et enfouit son visage dans ses mains.
– Il n'est jamais trop tard, Imogène, murmura Cathy. Dis-moi la vérité.
La petite fille releva la tête :
– J'ai tout vu. Maman était en train d'acheter le journal. Moi, je suis restée dans la voiture… J'observais le chat.
– Quel chat ?
– Celui de M. Pickard, je crois. Il prenait le soleil sur le muret.
– Ça doit être Tom. Et ensuite ?
– Soudain, un petit caniche s'est précipité sur lui en aboyant. Il s'est mis à sauter au pied du mur. Le chat a sorti ses griffes, mais le chien sautait toujours plus haut. Jusqu'à ce qu'il atterrisse dans les pots de fleurs ! Il

les a fait tomber ! Le chat s'est enfui, et le chien s'est tu. Quand maman est revenue, ils avaient tous les deux disparu. Les géraniums étaient par terre, les pots en mille morceaux !

– Ta mère n'avait pas assisté à la scène ?

Imogène fit non de la tête.

– Tu sais à qui appartient ce chien ?

– C'était un petit caniche blanc avec un collier rouge. Ils l'ont appelé plusieurs fois, mais il n'a pas répondu.

– Qui ça, ils ?

Cathy fronça les sourcils. Il y avait donc eu plusieurs témoins de l'incident, et personne n'avait parlé ! Quelle lâcheté ! Elle sentit la colère la gagner.

– Je ne les connais pas. C'étaient des grands, une fille et un garçon. Ils se ressemblaient. Maman est montée dans la voiture, et je n'ai rien dit. Et puis tout le monde a accusé les jeunes du camping, et c'était trop tard.

Imogène se mit à pleurer à chaudes larmes.

– Les jumeaux ! s'exclama Cathy. Vicki et Justin !

Elle se leva, triomphante. C'était la preuve que les campeurs étaient innocents !

Quittant la maison, elle trouva M. Parker Smythe au pied de l'escalier. Elle lui expliqua pourquoi Imogène était bouleversée. Il écouta attentivement, puis prit les choses en main :

– Je ne suis pas au courant de cette pétition, j'étais absent toute la semaine. Mais, à en juger par ton récit, je devrais en parler à ma femme.

Cathy était ravie de la tournure que prenaient les événements. Elle était impatiente de filer au camping pour faire part de la bonne nouvelle à tout le monde.

Elle sauta sur son vélo, négocia les virages à toute vitesse et traversa le village au moment où un soleil encore mouillé déchirait les nuages. Elle se sentait légère et heureuse.

« James va vouloir m'accompagner », se dit-elle en poussant le portail du jardin des Hunter.

– James ! appela-t-elle.

La maison était fermée. Pas de voiture dans l'allée. Et Blackie ne s'était pas précipité à sa rencontre. Seul Éric, le chaton, se promenait sur la pelouse en balançant la queue de gauche à droite.

– Qu'est-ce que c'est que ça ? murmura Cathy.

Elle venait de remarquer des boutons de fleurs éparpillés sur l'herbe : une des plates-bandes avait été sauvagement piétinée. Des œillets gisaient sur le sol, leurs pétales disséminés aux quatre vents.

– James !

Cathy longea la maison pour voir si quelqu'un se trouvait de l'autre côté. Mais les portes et les fenêtres étaient closes. Cathy fut prise d'inquiétude. Qui avait piétiné les fleurs ? Elle retourna sur le perron, puis

monta lentement les marches de la véranda.
– Henry ? cria-t-elle en apercevant la cage sur une étagère.
Sa voix s'étrangla : le couvercle était grand ouvert.
– Oh non !
La jeune fille enjamba les deux dernières marches. Dans la cage, la paille était sens dessus dessous, le bol renversé, la litière gorgée d'eau. Même la roue d'exercice était couchée sur le côté, et la rampe d'accès à l'étage avait été arrachée. Prise de panique, Cathy fouilla toute la véranda et ses abords. En vain : Henry avait disparu.

EXTRAIT

Découvre vite la suite de cette histoire
dans
UN HAMSTER TROP GOURMAND
N° 316 de la série
S.O.S. ANIMAUX

ÉCRIS-NOUS !

Chère Lucy Daniels,

Comme Cathy et James, j'adore les animauxe. Un jour, j'ai trouvé un chien qui était abandonné au bord d'une route. Avec mes parents, on l'a recueilli à la maison en attendant. Et puis on s'est attachés à lui et on l'a gardé. Maintenant, il fait partie de la famille.

Margaud, 11 ans.

RÉPONSE

Voici une histoire qui se termine bien pour tout le monde ! Ton chien a trouvé un bon foyer, et tes parents et toi avez un fidèle compagnon. Malheureusement, les parents n'acceptent pas toujours de garder un animal chez eux. Dans ce cas, il ne faut pas hésiter à prévenir une association qui recueille les animaux.

TOI AUSSI,
TU AIMES LES ANIMAUX ?

Si tu as envie

de nous confier les joies et les soucis
que tu as avec ton animal,

si tu veux

nous poser des questions
sur l'auteur et ses romans,
ou tout simplement nous parler
de tes animaux préférés,

n'hésite pas à nous écrire !

Attention !
N'oublie pas d'écrire ton nom et
ton adresse si tu veux qu'on te réponde !

S.O.S. ANIMAUX

301. Il faut retrouver Perle !
304. Les larmes du dauphin
305. Le panda abandonné
310. Réglisse a disparu !
311. Sauvons les poulains !
312. Une girafe en péril
313. Comment sauver Harry ?
314. Perdue dans la nuit
315. Qui veut adopter un chaton ?
316. Un hamster trop gourmand
317. Une maison pour Marco et Polo
318. Flibuste est un coquin !
319. Prince ne doit pas courir !
320. Opération Koala
321. Au secours du bébé éléphant
322. Le Noël du chien de berger
323. Perdu dans la savane
324. Nanook, chienne des neiges
325. Un singe en danger
326. Des poneys en liberté
327. Seul dans la ville
328. Mission ours polaires
329. Sept chatons à nourrir

SPÉCIAL DAUPHINS

S.O.S. ANIMAUX

501. Une belle amitié
502. Une histoire d'amour
503. Une chasse au trésor
504. Une naissance difficile
505. Prisonniers
506. Le fleuve enchanté
501. Un nouveau défi
508. Le prince des mers
509. Disparitions mystérieuses